Cultura letrada

FUNDAÇÃO EDITORA DA UNESP

Presidente do Conselho Curador
Mário Sérgio Vasconcelos

Diretor-Presidente
Jézio Hernani Bomfim Gutierre

Superintendente Administrativo e Financeiro
William de Souza Agostinho

Conselho Editorial Acadêmico
Danilo Rothberg
Luis Fernando Ayerbe
Marcelo Takeshi Yamashita
Maria Cristina Pereira Lima
Milton Terumitsu Sogabe
Newton La Scala Júnior
Pedro Angelo Pagni
Renata Junqueira de Souza
Sandra Aparecida Ferreira
Valéria dos Santos Guimarães

Editores-Adjuntos
Anderson Nobara
Leandro Rodrigues

COORDENAÇÃO DA COLEÇÃO PARADIDÁTICOS

João Luís C. T. Ceccantini

Ernesta Zamboni
Raquel Lazzari Leite Barbosa
Raul Borges Guimarães

MÁRCIA ABREU

Cultura letrada

Literatura e leitura

COLEÇÃO PARADIDÁTICOS
SÉRIE CULTURA

© 2004 Editora UNESP

Direitos de publicação reservados à:
Fundação Editora da UNESP (FEU)
Praça da Sé, 108
01001-900 – São Paulo – SP
Tel.: (0xx11) 3242-7171
Fax: (0xx11) 3242-7172
www.editoraunesp.com.br
www.livrariaunesp.com.br
atendimento.editora@unesp.br

CIP – Brasil. Catalogação na fonte
Sindicato Nacional dos Editores de Livros, RJ

A142c

Abreu, Márcia
 Cultura letrada: literatura e leitura / Márcia Abreu. – São Paulo: Editora UNESP, 2006
 il. - (Paradidáticos)

 Inclui bibliografia
 ISBN 85-7139-699-X

 1. Literatura – Estudo e ensino. 2. Livros e leitura. 3. Interesses na leitura. 4. Leitura. I. Título. II. Série.

06-2085.
CDD 807
CDU 82

Editora afiliada:

A COLEÇÃO PARADIDÁTICOS UNESP

A Coleção Paradidáticos foi delineada pela Editora UNESP com o objetivo de tornar acessíveis a um amplo público obras sobre *ciência* e *cultura*, produzidas por destacados pesquisadores do meio acadêmico brasileiro. Os autores da Coleção aceitaram o desafio de tratar de conceitos e questões de grande complexidade presentes no debate científico e cultural de nosso tempo, valendo-se de abordagens rigorosas dos temas focalizados e, ao mesmo tempo, sempre buscando uma linguagem objetiva e despretensiosa.

Na parte final de cada volume, o leitor tem à sua disposição um *Glossário*, um conjunto de *Sugestões de leitura* e algumas *Questões para reflexão e debate*.

O *Glossário* não ambiciona a exaustividade nem pretende substituir o caminho pessoal que todo leitor arguto e criativo percorre, ao dirigir-se a dicionários, enciclopédias, *sites* da Internet e tantas outras fontes, no intuito de expandir os sentidos da leitura que se propõe. O tópico, na realidade, procura explicitar com maior detalhe aqueles conceitos, acepções e dados contextuais valorizados pelos próprios autores de cada obra.

As *Sugestões de leitura* apresentam-se como um complemento das notas bibliográficas disseminadas ao longo do texto, correspondendo a um convite, por parte dos autores, para que o leitor aprofunde cada vez mais seus conhecimentos sobre os temas tratados, segundo uma perspectiva seletiva do que há de mais relevante sobre um dado assunto.

As *Questões para reflexão e debate* pretendem provocar intelectualmente o leitor e auxiliá-lo no processo de avaliação da leitura realizada, na sistematização das informações absorvidas e na ampliação de seus horizontes. Isso, tanto para o contexto de leitura individual quanto para as situações de socialização da leitura, como aquelas realizadas no ambiente escolar.

A Coleção pretende, assim, criar condições propícias para a iniciação dos leitores em temas científicos e culturais significativos e para que tenham acesso irrestrito a conhecimentos socialmente relevantes e pertinentes, capazes de motivar as novas gerações para a pesquisa.

SUMÁRIO

AGRADECIMENTOS 8

APRESENTAÇÃO 9

INTRODUÇÃO
Literatura, leitura, cultura 11

CAPÍTULO 1
"Ninguém deixará de reconhecer a excelência estética
dessas páginas" – o texto literário e seu valor 20

CAPÍTULO 2
"Infelizmente, não poderemos publicar sua obra"
– o nome do autor e o juízo estético 42

CAPÍTULO 3
"Versos simples e rudes produzidos pela cultura popular"
– a beleza e o sentido estético em culturas outras 59

CAPÍTULO 4
"A Literatura é forma de humanização do sujeito"
– quando os leitores se contam aos milhares 81

CAPÍTULO 5
"É, sem dúvida, uma obra-prima de todos os tempos"
– os critérios de avaliação e o tempo 93

CONCLUSÃO
Somos todos diferentes 109

GLOSSÁRIO 113

SUGESTÕES DE LEITURA 119

QUESTÕES PARA REFLEXÃO E DEBATE 122

AGRADECIMENTOS

Aparecida Paiva
Hebe Cristina da Silva
João Luís Ceccantini
Luiz Percival Leme Brito
Pablo Semán
Simone Cristina Mendonça de Souza

Marisa Lajolo
Felipe Abreu e Silva

■

APRESENTAÇÃO

— São seus olhos — diz a jovem professora, lisonjeada com o elogio que acaba de receber do rapaz da terceira fila.

Provocador, o garoto do fundo responde:

— Se a beleza está nos olhos de quem vê, então eu não tenho que gostar desse monte de autor de literatura chato.

A partir daí, a professora passa de lisonjeada a enfurecida e começa a explicar que quando se trata de literatura é tudo diferente:

— As obras literárias são a melhor expressão do espírito humano, pois conservam a mais alta qualidade estética, pois fazem um uso especial da linguagem, pois têm sido lidas, ininterruptamente, ao longo do tempo — diz, de um fôlego só, sem sequer respirar.

— Pode ser bom para professor, mas para mim não é! — responde o garoto.

— E é por isso que você está na escola — diz a professora recobrando a calma. — É preciso que a escola desenvolva o gosto pela verdadeira literatura, pelos clássicos, pelos livros consagrados...

— Muito melhor é ler uma boa história de amor, dessas com final feliz – diz, intrometendo-se na conversa, a menina ao lado, querendo fazer média com o garoto.

— Quando vocês tiverem concluído sua formação, vão ser capazes de reconhecer o que é realmente bom!

— Será? – desafia o garoto.

É dessa polêmica que este livro trata: como definir literatura? Há livros bons em si? Todos devem apreciar o mesmo tipo de texto? Há uma qualidade estética objetiva nas obras? Há uma maneira correta de ler literatura?

INTRODUÇÃO
LITERATURA, LEITURA, CULTURA

O término do século XX fez com que a imprensa dedicasse muitas de suas páginas à escolha dos melhores representantes dos anos mil e novecentos em diversas categorias. Foram feitas listas dos melhores filmes, dos melhores jogadores de futebol, das melhores músicas etc.

Como não poderia deixar de ser, constituíram-se júris para eleição dos melhores livros e, entre eles, das melhores obras e autores de ficção. A *Folha de S.Paulo*, por exemplo, promoveu a eleição dos melhores romances mundiais do século XX e dos melhores romances brasileiros de todos os tempos.[1] Os resultados foram os seguintes:

	MUNDO (século XX)	BRASIL (geral)
1º	*Ulisses*, de James Joyce	*Grande sertão: veredas*, de Guimarães Rosa
2º	*Em busca do tempo perdido*, de Marcel Proust	*Dom Casmurro*, de Machado de Assis
3º	*O processo*, de Franz Kafka	*Memórias póstumas de Brás Cubas*, de Machado de Assis

---

1 *Folha de S.Paulo*, São Paulo, 3 jan. 1999. Mais, p.4.5.

MUNDO (século XX)	BRASIL (geral)
4º *Doutor Fausto,* de Thomas Mann	*Macunaíma,* de Mário de Andrade
5º *Grande sertão: veredas,* de Guimarães Rosa	*Triste fim de Policarpo Quaresma,* de Lima Barreto
6º *O castelo,* de Franz Kafka	*Quincas Borba,* de Machado de Assis
7º *A montanha mágica,* de Thomas Mann	*Memórias de um sargento de milícias,* de Manuel Antônio de Almeida
8º *O som e a fúria,* de William Faulkner	*Vidas secas,* de Graciliano Ramos
9º *O homem sem qualidades,* de Robert Musil	*São Bernardo,* de Graciliano Ramos
10º *Finnegans Wake,* de James Joyce	*Memórias sentimentais de João Miramar,* de Oswald de Andrade

Quantos desses livros você já leu? De quantos deles você já ouviu falar?

É provável que você já tenha tomado contato com os brasileiros, ouvido falar de alguns dos estrangeiros e nunca tenha lido boa parte deles. Se isso for verdade, como você se sente? Talvez o desconhecimento de alguns (ou de muitos) dos livros dessa lista o faça ficar envergonhado; pensar que sua formação literária é inadequada; culpar-se, acreditando que deveria se esforçar mais, ler mais, ser mais culto...

Poucos poderão declarar ter lido todos os livros da lista, entre outros motivos, porque não havia tradução para o português do 10º colocado – *Finnegans Wake* – quando da divulgação dos resultados. No final de 1999, o professor Donaldo Schuler começou a publicar capítulos de sua tradução para o português de *Finnegans Wake* e advertiu que sua leitura não seria fácil:

> No caso de *Finnegans Wake*, há um problema adicional: o fato de Joyce carregar poeticamente todas as palavras. É preciso ter garra e paciência, pois não há respiro. ... num primeiro momento, *Finnegans Wake* parece ilegível, qualquer leitor de língua inglesa o

CULTURA LETRADA: LITERATURA E LEITURA

dirá. ... Pode-se levar meses ou anos lendo Joyce. É preciso adotar uma atitude onírica, de quem está lendo um sonho.[2]

Por isso, os que podem dizer que leram todas aquelas obras sentem-se pessoas de melhor estirpe, já que esses livros, e especialmente os estrangeiros, são reconhecidamente de difícil leitura. Talvez por isso a *Folha de S.Paulo* tenha feito uma enquete para conhecer as experiências de leitura de alguns intelectuais acerca de *Finnegans Wake*:

David Zingg, jornalista: "Foi durante a Segunda Guerra Mundial. Não entendi muita coisa na época. Era uma pedra, levei anos com o martelo para decifrá-la. Duvido que 90% dos que falam dele tenham lido ou entendido algo".

Décio Pignatari, poeta: "Tomei contato com *Finnegans Wake* no fim dos anos 50. Algo que me ajudou muito foi ter escutado Joyce lendo o livro, o que ouvi num disco de vinil. Não é um livro que se lê de uma só vez".

Walnice Nogueira Galvão, crítica literária: "Foi logo após a graduação. Senti uma intensa curiosidade, diria mesmo que uma excitação intelectual".

Nelson Ascher, poeta e tradutor: "Quando comecei a mergulhar em literatura nos anos 70, os livros de Joyce já eram lendários. Meu contato com o texto se deu por meio do *Panaroma do Finnegans Wake*. Fascinei-me pela ideia de um imenso romance e pela promessa de algo que poderia ser o romance dos romances ou, melhor, o livro dos livros".

Arthur Nestrovski, professor de literatura: "Fazia doutorado nos EUA e tive um curso inteiro sobre *Ulisses*. Na última aula, a professora pediu que lêssemos um trecho de *Finnegans*. Foi um espanto encontrar algo tão indecifrável. E me levou a escolher Joyce como tema de doutorado".[3]

Todos afirmam a grande dificuldade encontrada na leitura – *levei anos para entender*; *ao final de um curso de pós-gra-*

---

2 *Finnegans* é traduzido; tente ler em português. *Folha de S.Paulo*, São Paulo, 13 nov. 1999. Ilustrada, p.4.1.

3 Quando li, o que vi. *Folha de S.Paulo*, São Paulo, 13 nov. 1999. Ilustrada, p.4.1.

duação no exterior o livro ainda era indecifrável; é necessário lê-lo vagarosamente –, mas garantem que leram e compreenderam. Portanto, ter lido e compreendido os coloca em posição superior aos demais – aqueles 90% que falam sem ter lido acrescidos daqueles que não falam nada, pois nem sabem do que se trata.

Todo esforço para ler e compreender o livro valeria a pena, pois, segundo um dos entrevistados, se trata de obra de um "autor lendário", ou seja, de um autor consagrado pela intelectualidade como grande escritor, cuja obra é fundamental para a cultura moderna. No mesmo dia em que foi divulgada a lista dos melhores romances do século, o escritor Marcelo Coelho elogiou a iniciativa dizendo que a lista "serve como referência para quem deseja saber o que vale a pena ler", ideia com a qual concordou o professor João Alexandre Barbosa, ao afirmar que "a lista tem uma função didática interessantíssima para o jovem leitor, para aquele que está começando a ler".[4]

Todos os envolvidos parecem acreditar que aqueles livros são realmente os melhores e que ninguém pode passar sem lê-los.

Mas as coisas não são tão simples assim...

Outros órgãos de imprensa também fizeram listas, usando critérios um pouco diferentes dos da *Folha de S.Paulo*. A revista *IstoÉ*, por exemplo, pedia aos jurados que fizessem um elenco dos melhores escritores brasileiros do século – e não das melhores obras –, mas, mesmo assim, o confronto das duas listas permite alguma reflexão. Vejamos a que resultado chegou o júri de *IstoÉ*:

1º Machado de Assis
2º Carlos Drummond de Andrade
3º Monteiro Lobato

---

4   O dia que resume o século. *Folha de S.Paulo*, 3 jan. 1999. Mais! p.5.4.

CULTURA LETRADA: LITERATURA E LEITURA

4º Jorge Amado
5º Érico Veríssimo
6º Guimarães Rosa
7º Graciliano Ramos
8º Cecília Meireles
9º Rachel de Queiroz
10º Euclides da Cunha

Agora é possível que você esteja se sentindo ainda pior, caso tenha aumentado a quantidade de autores que você nunca leu; ou que leu, não entendeu, e de que não gostou; ou simplesmente de que não gostou.

Ou talvez você esteja se sentindo um pouco melhor, caso tenha preocupação com a igualdade entre os sexos e tenha percebido que, nesse caso, há algumas mulheres entre os melhores. Enquanto no ranking preparado pela *Folha* parecia que a excelência na escrita não passava por mãos femininas, neste caso, 20% da melhor produção foram escritos por mulheres.

Apresentar estas listas não tem por objetivo demonstrar sua ignorância ou fazer que você se sinta mal e comece a ler compulsivamente. Ao contrário, o objetivo é mostrar como não há consenso quando se trata de gosto e, especialmente, de gosto literário. Aqueles que elegeram Monteiro Lobato, Jorge Amado, Érico Veríssimo, Cecília Meireles e Rachel de Queiroz devem ter ficado frustrados com o resultado da seleção feita pela *Folha de S.Paulo*, assim como os que acreditam que Mário de Andrade, Lima Barreto e Oswald de Andrade escreveram alguns dos melhores romances do século podem ter pensado que há algo de errado na lista de *IstoÉ*. Ou seja, alterando o júri, modifica-se também a lista de vencedores.[5] Isto é decisivo e deixa claro que o ranking apre-

---

5 O júri convidado pela *Folha* foi composto por Arthur Nestrovski, Carlos Heitor Cony, João Adolfo Hansen, João Alexandre Barbosa, Leyla Perrone-Moisés, Luiz

sentado como "os melhores", na verdade, indica os melhores *para algumas pessoas*.

As listas revelam, assim, quais são os autores e obras *considerados melhores* por *parte* da intelectualidade e por *algumas* personalidades brasileiras.

E mesmo dentro deste pequeno grupo, há divergências: Machado de Assis foi escolhido o melhor de *IstoÉ* com 81,41% dos votos, e não com a totalidade. Entre os jurados da *Folha*, houve quem questionasse os resultados da pesquisa, criticando a presença de *O som e a fúria* ("presença típica de uma eleição feita no Brasil", disse um deles), de Thomas Mann ("um diluidor", comentou outro), de *Finnegans Wake* ("ilegível", afirmou um terceiro), de *Grande sertão: veredas* ("uma patriotada", sentenciou um outro).[6] As listas refletem, portanto, a média dos gostos particulares de algumas pessoas e não um padrão estético universalmente aceito.

Para milhões de brasileiros a lista dos melhores romances seria provavelmente outra e incluiria autores como Paulo Coelho, Sidney Sheldon ou Jô Soares, que fazem parte de uma outra lista, a dos mais vendidos. Em dezembro de 1999, a revista *Veja* lançou a lista dos livros de ficção mais vendidos no ano.[7] Como seria de esperar, nenhuma coincidência com a lista dos melhores...

1º *O homem que matou Getúlio Vargas*, de Jô Soares

2º *A casa dos Budas ditosos – Luxúria*, de João Ubaldo Ribeiro

---

Costa Lima, Marcelo Coelho, Moacyr Scliar, Silviano Santiago e Walnice Nogueira Galvão (Mais, 3 jan. 1999). Os jurados de *Isto É* foram Heloisa Buarque de Holanda, Ivan Junqueira, Hamilton Vaz Pereira, Márcia Abreu (sim! eu estava lá), José Hildebrando Dacanal, Bruno Tolentino, Waly Salomão, Dias Gomes, Sérgio Sant'Ana, Pedro Bial, Sábato Magaldi, Arrigo Barnabé, Tony Belotto, Cristóvão Tezza, Márcio Souza, Fernando Santos, Moacyr Scliar, José Castello, Hilda Hilst, Léo Gilson Ribeiro, Eva Wilma, Lya Luft, Ronaldão, José Sarney, Roberto de Oliveira Brandão, Otávio Costa, José Celso Martinez Corrêa, Lúcia Maria Camargo, Rodolfo Konder, Pasquale Cipro Neto.

6 *Folha de S.Paulo*, São Paulo, 3 jan. 1999, Mais!, p.5.4.

7 GRAIEB, Carlos. O que lê o país. *Veja*, São Paulo, 15 dez. 1999.

CULTURA LETRADA: LITERATURA E LEITURA

3º *O advogado*, de John Grisham
4º *Conte-me seus sonhos*, de Sidney Sheldon
5º *Veronika decide morrer*, de Paulo Coelho
6º *O clube dos anjos*, Luís Fernando Veríssimo
7º *Ramsés, o filho da luz*, de Christian Jacq
8º *A última grande lição*, de Mitch Albom
9º *Ramsés, o templo de milhões de anos*, de Christian Jacq
10º *Ramsés, a batalha de Kadesh*, de Christian Jacq

É possível que, agora, você esteja se sentindo um pouco mais confortável, pois provavelmente você já ouviu falar da maior parte desses autores e talvez já tenha lido alguns desses livros.

Ao contrário do que acontecia no caso da lista dos melhores livros do século, promovida pela *Folha de S.Paulo*, em que poucos poderiam afirmar que leram todas as obras, aqui se trata de livros conhecidos por milhões de pessoas, no Brasil e no mundo. Por ocasião da divulgação da lista dos melhores romances do século, a *Folha* verificou que não era fácil encontrá-los, seja por não haver traduções, seja por não estarem disponíveis nas livrarias, seja por as edições estarem esgotadas. Para adquiri-los seria necessário recorrer a lojas de livros usados ou à importação, buscando edições na língua original ou traduções feitas em Portugal.[8] No caso dos mais vendidos, obviamente a situação é inversa – senão eles não seriam chamados de *mais vendidos...*

Um ano antes da divulgação da lista dos mais vendidos em 1999, Paulo Coelho havia chamado a atenção da mídia ao atingir a marca de 20 milhões de livros vendidos ao redor do mundo. Antes dele, apenas Jorge Amado tinha conseguido tal

---

8 *Finnegans Wake*, de James Joyce (em 10º lugar na lista), não havia sido traduzido integralmente. *O som e a fúria*, de William Faulkner (8º lugar), não havia sido reeditado desde os anos 80. Considerando os 100 melhores livros indicados pelo júri, faltavam 31 traduções. ROSA, Rafael Vogt Maia. Faltam traduções de 31 livros no Brasil. *Folha S.Paulo*, 3 jan. 1999. Mais! p.5.8.

proeza, mas havia levado 60 anos e 37 livros para atingir essa vendagem, enquanto Paulo Coelho o fez em 10 anos e 8 livros. Suas obras foram lidas em lugares tão distintos quanto Israel (110 mil livros vendidos) e a França (4,2 milhões de livros); o Japão (920 mil livros) e o Brasil (7,07 milhões de livros). A universalidade da cultura é coisa muito discutível, o que torna ainda mais impressionante o fato de seus livros serem vendidos em 74 países ao redor do mundo.

Enquanto a tradução brasileira de *Finnegans Wake* é uma das poucas do mundo – há apenas traduções integrais para o francês, o alemão e o japonês –, o livro *O alquimista*, de Paulo Coelho, foi traduzido para 38 línguas. As cifras obtidas por Paulo Coelho impressionam, mas ainda estão longe daquelas atingidas pelos grandes *best-sellers* como Danielle Steel, que vendeu 360 milhões de livros em 20 anos, ou John Grisham, que, em 10 anos, vendeu 87 milhões de exemplares.[9]

Se tantas pessoas os compram e os leem é porque julgam que são produções literárias de alto valor, ou porque se divertem e se emocionam ao lê-los. Entretanto, como você já deve saber, a opinião de professores e intelectuais sobre eles não é das melhores. Quando se trata dos melhores livros do século, os eruditos esforçam-se para lê-los e, sobretudo, para ter o que dizer sobre eles, pois isso é sinal de distinção e os coloca no topo da intelectualidade. Quando se trata de *best-sellers*, ocorre justamente o inverso: dizem, galhardamente, que não leram e que, mesmo assim, não gostam.

Na reportagem realizada pela revista *Veja* a propósito dos 20 milhões de exemplares vendidos por Paulo Coelho, preparou-se um interessante quadro, apresentando, de um lado, "Os Leitores Assíduos" (Angélica, Leonardo Boff, Carolina Ferraz, Doc Comparato, Eduardo Suplicy, Taís Araújo e Rita Lee) e, de outro, "Os Críticos Incrédulos" (Sil-

---

9 CAMACHO, Marcelo. O Planeta Paulo Coelho. *Veja*, São Paulo, 15 abr. 1998. Com reportagem de Roberta Paixão, Carlos Graieb e Virginie Leite.

viano Santiago, Wilson Martins, Candido Mendes de Almeida, Bárbara Heliodora, José Paulo Paes e Davi Arrigucci Júnior). Os "assíduos" comentam sua relação com os livros de Paulo Coelho mostrando o que aprenderam com eles, como se emocionaram durante a leitura, como se sentem atraídos pelas tramas e pela escrita e como respeitam e admiram o autor. Já os "incrédulos" afirmam que não se trata de literatura e sim de subcultura, que o público (não somente o brasileiro) é muito inculto e busca apenas um misticismo barato. Interessante perceber que metade dos intelectuais que opinaram disseram não ter lido nada do autor: "Não li uma linha dele. Ouço dizer que é horrível e acredito", disse Bárbara Heliodora; "Já li todos os livros dele de trás para frente, o que dá no mesmo", afirmou Candido Mendes de Almeida; "Não li e não gostei", sentenciou Davi Arrigucci Júnior.

Os livros que lemos (ou não lemos) e as opiniões que expressamos sobre eles (tendo lido ou não) compõem parte de nossa imagem social. Uma pessoa que queira passar de si uma imagem de erudição falará de livros de James Joyce, mas não de obras de Paulo Coelho. Essa mesma pessoa, se tiver de externar ideias sobre Paulo Coelho, dirá que o desaprova. Mesmo que não tenha entendido nada de *Ulisses* ou tenha se emocionado lendo *O alquimista*.

A escola ensina a ler e a gostar de literatura. *Alguns* aprendem e tornam-se leitores literários. Entretanto, o que *quase todos* aprendem é o que devem dizer sobre determinados livros e autores, independentemente de seu verdadeiro gosto pessoal.

■

1 "Ninguém deixará de reconhecer a excelência estética dessas páginas" – o texto literário e seu valor

Ao pensar sobre literatura, deve-se começar por fazer uma coisa que geralmente não se faz: refletir sobre o significado de termos como "texto literário", "literariedade", "qualidade estética".

Para tanto, pode ser útil começar analisando um texto:

Aconteceu na esquina da 1st Avenue, no centro de Miami, Flórida (EUA). Cheguei no horário agendado para a reunião com o representante de uma companhia exportadora de perfumes, mas ele se atrasou e eu decidi esperá-lo na porta de entrada da empresa. Encostado a uma pilastra, eu observava o vaivém dos pedestres.

– Es la única esperanza – ouvi de um homem perto dos 90 anos que trazia um folheto na mão. Era mais um desses pregadores religiosos de conversa maçante e interesseira. Desviei o olhar e fui tratando de desestimular o diálogo com um leviano "não entendo espanhol, senhor", mesmo sabendo que a reunião pela qual eu aguardava se desenrolaria em portunhol. O velho não se abalou diante da minha impaciência e continuou pregando:

– Habrá una gran desgracia si los ricos y poderosos no despertaren para el mundo. Una terrible escasez de alimentos tornará el convivio entre los hombres insoportable.

A força das suas palavras me encorajou a fitá-lo. Senti um sobressalto ao constatar quanto sua fisionomia me era familiar. Os olhos cinza-amarelos tinham tênues traços orientais e as sobrancelhas grossas me surpreendiam pelas penugens negras realçadas pelos cabelos brancos. Apesar da espantosa semelhança, o nariz reto e ligeiramente arrebitado era diferente. Sua fisionomia me agradava e, por isso, passei a conversar com ele. Meio sem assunto, perguntei-lhe se conhecia a Igreja Universal do Reino de Deus, fundada no Brasil. Respondeu-me que não, não se interessava por novas seitas que surgiam às pencas, pois a maioria eram igrejas do diabo. E sem me olhar nem dizer adeus, continuou seu caminho.

A semelhança com meu pai se evidenciou ainda mais quando o vi de costas, o corpo franzino curvado pela idade. Fiquei estático e eletrizado. Um *"buenos días"* despertou-me do torpor. Era o representante comercial que eu aguardava me convidando para entrar. Não me concentrei na reunião, pois aquela imagem tomou conta da minha mente.

Saí do encontro desconcertado. Era uma fixação sem sentido – afinal, pessoas parecidas existem em todo canto do mundo. Resolvi antecipar o almoço. Na cantina habitual, o sorriso da funcionária não afastou meu desconforto. De repente, desabei num choro convulsivo, desencadeado pelas lembranças do meu velho, do meu amigo, do meu pai. Mudei de posição na mesa para que a garçonete não percebesse o meu estado. Eu não me reconhecia. Onde estava o homem seco e contido que nunca chorava?

No dia seguinte voltei à mesma esquina, na esperança de reencontrar o velho homem. Nada. Chorei mais vezes ao longo daquela semana: no hotel, no avião, ao chegar em casa. Afinal, quem era aquele homem de palavras fortes? Por que surgira e sumira daquela forma? Não encontrei respostas, mas entendi o valor da sua ajuda. Sua missão era me abrir. Ele viera para me permitir soltar as lágrimas que eu vinha contendo desde o derradeiro encontro com meu legítimo e inimitável velho. Eu consegui.

O texto narra, em primeira pessoa, um encontro e suas consequências psicológicas. Tomam parte na história três personagens, além do narrador. Nenhum deles tem nome – são o "representante da companhia de perfumes", "o velho", "a garçonete" e um "eu" que narra. Dois deles (o representante e a garçonete) têm um papel acessório, realçando o lugar daquele que deflagra a narrativa (o homem velho) e daquele que a conta (o narrador).

Apenas o velho é descrito fisicamente: seus olhos são "cinza-amarelos", com "tênues traços orientais"; suas sobrancelhas, grossas e negras, contrastam com os cabelos brancos; seu nariz é reto e arrebitado; seu corpo é franzino e curvado pela idade, mas sua fala é forte. O contato com este personagem, envolto em certo mistério, desencadeia a trama. A idade avançada e o corpo franzino, contrastados com a força de suas palavras, o tornam especial, talvez diferente dos homens comuns. Essa ideia acentua-se pelo fato de aparecer e desaparecer sem explicação – não se trata de algo sobrenatural, pois o narrador não estava atento quando ele surgiu e seguiu-o com o olhar na partida, entretanto não o pode mais encontrar. Apesar do detalhamento da descrição física, sabe-se pouco sobre ele: é religioso, surge do nada, desaparece após dizer duas frases de natureza profética, mas transtorna a vida do narrador – sobre quem pouco sabemos.

O narrador apresenta-se apenas como um homem em viagem de trabalho. O encontro banal com um pregador de rua quebra a normalidade de sua existência. Trata-se de um momento epifânico, um momento de revelação, que o faz ter uma visão mais densa da vida e das relações entre as pessoas. A epifania – termo cunhado para designar a transformação na vida de uma pessoa ao tomar consciência de alguma questão fundamental ou transcendental – transtorna a vida rotineira do narrador, modificando seu comportamento. Ele passa da exterioridade à introspecção, agindo e pensando de forma nova.

O velho fala do fim do mundo, da desesperança, da desgraça iminente. Ele poderia estar fazendo apenas mais uma profecia apocalíptica, mas, do ponto de vista do narrador, ele fala da sensação do filho que perde o pai. Com a morte ocorre um pequeno apocalipse, pois uma parte do mundo deixa de existir. O filho, que fica, sente-se desesperançado, sentin-

CULTURA LETRADA: LITERATURA E LEITURA

do aquela experiência como a grande desgraça de que fala o velho. O pregador, aparentemente, fala de Deus – o pai de todos os homens – e por contiguidade sua fala passa a se referir ao pai daquele homem.

A aproximação com a situação vivida pelo narrador também está presente na segunda fala do velho, quando se mencionam os "ricos e poderosos". O encontro ocorre na 1st Avenue de Miami, lugar de negócios, onde o narrador espera por um encontro comercial. Segundo o velho, os ricos e poderosos devem "despertar para o mundo". O narrador, rico e poderoso, desperta para o mundo, vivenciando a morte do pai, até então ocultada. Segundo o velho, há um perigo iminente de uma "terrível escassez de alimentos". O pai, responsável pela subsistência dos filhos, é quem os alimenta – ao menos enquanto são pequenos. Com o desaparecimento do provedor, a vida pode se tornar "insuportável", como diz o velho. Toda sua fala pode ser lida, portanto, com um duplo sentido.

Enquanto a descrição do velho centra-se em características físicas, a fisionomia do narrador permanece oculta. Ele é descrito apenas por suas atitudes e sentimentos: é um homem de negócios bem-sucedido (seus negócios são internacionais), um homem meticuloso (tem horário fixo para almoçar – "resolvi antecipar o almoço", diz ele), que frequenta sempre um mesmo restaurante ("a cantina habitual"), um homem "seco e contido que nunca chora". O velho e o homem recebem tratamentos opostos no texto. É possível fazer uma imagem visual do velho, mas não se sabe o que ele pensa. Sabe-se o que se passa no íntimo do narrador, mas dele não temos uma imagem física.

A partir do encontro com o velho e com suas palavras, o narrador sente intensamente a perda do pai, cuja morte não é explicitada e sim aludida, pois é mencionado apenas um "derradeiro encontro". O encontro com o velho abala a estabilidade do narrador: ele suspende o trabalho, altera sua rotina para voltar à mesma esquina onde ocorrera o encontro, chora muitas vezes. A desestruturação de seus hábitos e de seu modo de ser equivale a um fim do mundo (o apocalipse referido pelo velho), ao menos daquele mundo que ele havia construído.

O homem apresentado no início da narrativa não é o mesmo homem do final. A última frase – "Eu consegui" – é típica de um homem de negócios bem-sucedido que, ao final de uma série de reuniões, exclama vitorioso seu sucesso. Entretanto, as experiências vividas entre a primeira e a última frase invertem sua significação. Aquilo que o homem conseguiu foi chorar, algo que estava fora das expectativas do bem-sucedido homem de negócios. Assim, a narrativa revela, de maneira intimista, a transformação de um homem.

O leitor é levado a pensar que isso poderia acontecer com qualquer um, inclusive com ele, com quem poderia ocorrer a mesma modificação pela qual passou o narrador. O leitor é convidado, portanto, a repensar sua vida, o peso dado ao trabalho e às relações afetivas. A construção do ambiente contribui nesse sentido. Embora se especifique, logo no início da narrativa, o nome de uma rua, de uma cidade, de um estado e de um país, essas informações serão relevantes apenas para a caracterização do personagem como homem de negócios. O andamento da narrativa não depende disso. Se a história se passasse na frente de uma escola, na porta de um cinema, defronte a uma farmácia, nós apenas teríamos menos elementos para composição do narrador, mas o andamento poderia se manter, a epifania poderia se dar.

A passagem do tempo também é marcada fundamentalmente em função dos sentimentos do narrador. Ele nos avisa que aquilo ocorreu ao longo de uma semana, mas o tempo que importa aqui é o tempo psicológico, aquele que define

CULTURA LETRADA: LITERATURA E LEITURA

como o homem era antes e como se tornou depois. O mais relevante não é a semana, mas a relação entre diferentes tempos: o tempo do pai; o tempo da morte do pai; o tempo posterior à morte do pai; o tempo da integração dos sentimentos.

No texto, o tempo é recortado de forma que só existe o momento do encontro e seu entorno. Nada sabemos sobre o narrador antes daquele momento, nada saberemos sobre o narrador depois daquele momento. Ele não tem nome, não tem idade, não tem características físicas. Tem apenas um pai – morto. A solidão e o isolamento do indivíduo são reforçados por ele estar em uma grande cidade estrangeira. O mundo é grande e ele está só. Nem sequer tem o conforto de poder falar sua própria língua. Deve falar em uma língua estrangeira, que não domina – por não falar inglês, falará em "portunhol" durante a reunião.

O homem, sozinho e estrangeiro, não perde, entretanto, a racionalidade. Constrói uma narrativa com forte amarração lógica. Apesar de transtornado e emocionado com o encontro, estrutura seu texto em sequência linear, encadeando os fatos em termos de causa e consequência. A linguagem da qual se vale é contida, atendo-se ao essencial. O narrador, "o homem seco e contido", evita o rebuscamento para encontrar a expressão precisa.

A linguagem, de pouca ornamentação, sintoniza-se bem com o enredo simples, sem lances espetaculares. A narrativa é contida e controlada, revelando que, apesar da emoção, o narrador busca manter o controle da situação. O desejo de ordenar e controlar é claramente expresso na primeira frase: "Aconteceu na esquina da 1st Avenue, no centro de Miami, Flórida (EUA)", em que se define com precisão o local do encontro. Daí em diante, desaparecem as coordenadas espaciais que ofereceriam pontos de referência para o narrador, instaurando um tempo e um espaço marcados apenas pelas emoções do narrador. Assim como ele perde o controle e chora, a história perde as notações precisas. Da indicação exata de uma rua, um estado, um país, passa-se para uma vaga "cantina habitual", para um hotel sem nome, um avião sem destino, uma casa sem endereço. O espaço exterior não importa mais, pois é o lado de dentro do narrador que interessa.

O que foi feito até aqui é uma análise literária de um texto, considerando elementos próprios da constituição de narrativas: personagens, enredo, ambiência, linguagem, tempo e foco narrativo.

Embora o texto contenha todos esses elementos e tenha suportado uma leitura literária, esse não é um texto literário. Trata-se de uma carta de leitor, enviada à revista *Cláudia* por Aristóteles Sampaio Carvalho e nela publicada na seção "Minha História".[1] Provavelmente ninguém o leu, em sua publicação original, buscando observar as relações entre as personagens, as conexões entre forma e conteúdo, a construção do cenário ou o trabalho com o tempo. O interesse dos leitores deve ter se voltado para o acontecimento, devem ter tido vontade de saber o que de tão especial pode ter acontecido com Aristóteles a ponto de levá-lo a divulgar sua história na revista. Devem ter imaginado se tratar de um fato real, acontecido com uma pessoa real.

Essa experiência pode funcionar também no sentido inverso. Imagine que uma criança de 10 anos escreveu a seguinte redação:

> Teresa, você é a coisa mais bonita que eu vi até hoje na minha vida, inclusive o porquinho-da-índia que me deram quando eu tinha seis anos.

---

1 CARVALHO, Aristóteles Sampaio. O Velho da Primeira Avenida. *Cláudia* n.437, fev. 1998.

CULTURA LETRADA: LITERATURA E LEITURA

Uma professora provavelmente acharia a redação do menino engraçadinha, mas talvez aproveitasse para explicar que é importante desenvolver as ideias, dividindo-as em parágrafos para formar um texto completo. Ela poderia pedir para que ele descrevesse Teresa, contasse quem ela é, que relação tem com o menino. Eventualmente, poderia pedir para que ele apontasse as semelhanças entre o porquinho e Teresa. Se fosse uma professora rigorosa, poderia reclamar da redundância em "até hoje" e "na minha vida" e da repetição do pronome relativo "que".

A reação ao texto seria totalmente distinta se a professora o encontrasse no livro *Libertinagem*, de Manuel Bandeira, sob o título "Madrigal tão engraçadinho". O simples fato de haver um título já levaria a professora a pensar: madrigal é um pequeno poema, engenhoso e galante; é também um modo de cortejar as damas. Já não seria mais possível ler o texto como um elogio infantil a uma certa Teresa e sim como galanteio, em que o recurso à fala infantil tem por objetivo cativar a simpatia da moça.

Sabendo que o livro *Libertinagem* é composto por poemas escritos entre 1924 e 1930, a professora pensaria nas propostas modernistas de escrita de poemas próximos à linguagem coloquial e em sua recusa às formas poéticas convencionais, aos versos metrificados e às rimas fixas. Nesse caso, a repetição e a redundância passariam de defeito a virtude, pois seriam lidas como parte de um esforço de escrever de forma simples, mimetizando a linguagem do dia-a-dia.

Pode ser que ela visse no texto o desejo modernista de encontrar a beleza nas coisas mais banais e percebesse certa ternura nas recordações da infância. Talvez encontrasse alguma melancolia no poema e a associasse ao fato de o poeta, tuberculoso, sentir-se próximo da morte.

Certamente, recordaria de dois outros poemas do mesmo livro: "Porquinho-da-índia" e "Teresa".

FIGURA 1. O POETA MANUEL BANDEIRA.

Porquinho-da-índia

Quando eu tinha seis anos
Ganhei um porquinho-da-índia.
Que dor de coração me dava
Porque o bichinho só queria estar debaixo do fogão!
Levava ele pra sala
Pra os lugares mais bonitos mais limpinhos
Ele não gostava:
Queria era estar debaixo do fogão.
Não fazia caso nenhum das minhas ternurinhas...
– O meu porquinho-da-índia foi a minha primeira namorada.

Teresa

A primeira vez que vi Teresa
Achei que ela tinha pernas estúpidas
Achei também que a cara parecia uma perna
Quando vi Teresa de novo
Achei que os olhos eram muito mais velhos que o resto do
[corpo
(Os olhos nasceram e ficaram dez anos esperando que o resto do
[corpo nascesse)

Da terceira vez não vi mais nada
Os céus se misturaram com a terra
E o espírito de Deus voltou a se mover sobre a face das águas

Provavelmente ela veria, no conjunto dos poemas, a evocação nostálgica da infância, uma leve ironia, um toque autobiográfico e uma forte intertextualidade pelo fato de os poemas fazerem referências a outras obras de Manuel Bandeira e de outros autores. Talvez ela continuasse, indefinidamente, fazendo analogias e encontrando relações entre esse e outros textos. Você sabe como são as professoras de português...

Esses casos devem ter deixado claro que a literariedade não está apenas no texto – os mais radicais dirão: não está nunca no texto – e sim na maneira como ele é lido. Um "mesmo" texto ganha sentidos distintos de acordo com aquilo que se imagina que ele seja: uma carta ou um conto, um poema ou uma redação.

Saber que algo é tido como *literário* provoca certo tipo de leitura.

Mas como saber o que é *literatura*? o que deve ser lido literariamente? Provavelmente, você deve ter aprendido que há definições corretas do termo *literatura*. A crença na possibilidade de uma definição positiva de *literatura* faz que isso seja tomado até mesmo como matéria de avaliação, como questão de vestibular. Em 2000, a Faculdade COC, de Ribeirão Preto, incluiu, na prova de português de seu vestibular, uma questão que tratava da definição de literatura:

As Ilusões da Literatura
Mario Vargas Llosa

Condenados a uma existência que nunca está à altura de seus sonhos, os seres humanos tiveram que inventar um subterfúgio para escapar de seu confinamento dentro dos limites do possível: a ficção. Ela lhes permite viver mais e melhor, ser outros sem deixar de ser o que já são, deslocar-se no espaço e no tempo sem sair de seu lugar, nem de sua hora e viver as mais ousadas aventuras do corpo, da mente e das paixões, sem perder o juízo ou trair o coração.

A ficção é compensação e consolo pelas muitas limitações e frustrações que fazem parte de todo destino individual e fonte perpétua de insatisfação, pois nada mostra de forma tão clara o quão minguada e inconsistente é a vida real quanto retornar a ela, depois de haver vivido, nem que seja de modo fugaz, a outra vida – a fictícia, criada pela imaginação à medida de nossos desejos.
(*Folha de S.Paulo*,14.8.1995, transcrito de *El País*).

Assinale a alternativa que contém um conceito sobre literatura que **NÃO** combina com o que diz o texto acima.

a) Literatura é criação de uma suprarrealidade com os dados profundos e singulares da intuição do artista.

b) Literatura é a arte da palavra e existe para provocar o deleite e ampliar a visão de mundo do leitor.

c) Literatura é a expressão artística dos conteúdos da ficção ou imaginação por meio da palavra escrita.

d) Grande Literatura é simplesmente a linguagem carregada de significado até o máximo grau possível.

e) Ciência e Literatura têm o mesmo objeto de estudo, o mesmo método e servem aos mesmos fins da vida humana.

A questão pede que você assinale a alternativa que não está de acordo com o texto, portanto, é preciso examinar cada uma das possibilidades.

a) Literatura é criação de uma suprarrealidade com os dados profundos e singulares da intuição do artista.

A alternativa *a* define literatura como sendo produto de um tipo especial de pessoa – o artista –, que utiliza sua intuição para inventar uma realidade ficcional. Essa é uma definição bastante usual de literatura, recortando de todos os tipos de texto existentes, os ficcionais, aqueles em que se constrói um mundo imaginário em que tomam parte um narrador, alguns personagens, uns tantos acontecimentos não históricos. O leitor percebe logo que está diante de um texto ficcional, quando ele principia assim:

CULTURA LETRADA: LITERATURA E LEITURA

Algum tempo hesitei se devia abrir estas memórias pelo princípio ou pelo fim, isto é: se poria em primeiro lugar o meu nascimento ou a minha morte. Suposto o uso vulgar seja começar pelo nascimento, duas considerações me levaram a adotar diferente método: a primeira é que eu não sou propriamente um autor defunto, mas um defunto autor, para quem a campa foi outro berço; a segunda é que o escrito ficaria assim mais galante e mais novo.

Defuntos não escrevem livros, portanto esse deve ser o início de uma narrativa ficcional, na qual alguém inventou que morria para, desse ponto de vista especial, contar sua história. O "eu" que fala não tem relação direta com o autor nem com nenhuma pessoa real, com CIC e RG, pois é também uma invenção, sendo capaz de tomar atitudes que o autor do texto jamais tomaria, acreditar em coisas nas quais ele nunca acreditaria. Um espírita, entretanto, pensaria que o exemplo não define bem o que é ficcional, pois ele acredita que um defunto pode ser autor, tomando um médium para psicografar seus escritos. Desse ponto de vista, o sentido que se atribui às ideias expressas no texto muda profundamente.

O parágrafo citado acima é a abertura de *Memórias Póstumas de Brás Cubas*, escrito por Machado de Assis, e publicado pela primeira vez em 1881. O livro é tido como um dos grandes romances brasileiros e, portanto, como um texto ficcional. A citação, entretanto, não está completa. Machado acrescenta uma frase final:

Moisés, que também contou a sua morte, não a pôs no introito, mas no cabo: diferença radical entre este livro e o Pentateuco.

A frase é provocadora, pois coloca um dos livros sagrados em pé de igualdade com uma obra ficcional: a única diferença é por onde uma começa e a outra termina. Pode parecer provocação, mas a definição fornecida na alternativa *a* da prova de vestibular permite que se considere como literatura boa parte dos textos religiosos, pois eles também criam uma "suprarrealidade" (vida após a morte) a partir da intuição (inspiração divina?) de um escritor especial.

A definição oferecida em *a* tem dupla desvantagem, pois não apenas inclui obras que normalmente não são incluídas entre os textos literários (como os livros religiosos), mas também exclui produções que se costuma tomar como literárias. Instituindo como critério definidor a ficcionalidade, forçosamente ficarão de fora todos os poemas de amor, compostos por poetas realmente apaixonados. Talvez seja essa, então, a alternativa a ser assinalada. Mas não devemos nos precipitar, tomando uma decisão antes de examinar as demais.

b) Literatura é a arte da palavra e existe para provocar o deleite e ampliar a visão de mundo do leitor.

A alternativa apresentada em *b* enfatiza um aspecto formal: um manejo especial da linguagem é o que define a literatura. A "literariedade" estaria em um modo especial de utilizar a linguagem, que se diferenciaria da maneira de empregá-la em outras situações. Isso se percebe facilmente quando se lê:

Lua
morta

    Rua
    torta

Tua
porta

Qualquer um percebe que a linguagem é tratada de forma especial no poema "Serenata Sintética", escrito por Cassiano Ricardo e publicado pela primeira vez no livro *Um dia depois do outro*, em 1947. O poeta tomava a linguagem como elemento central da poesia, tanto que, em seu livro *Algumas reflexões sobre poética de vanguarda*,[2] define o poema como sendo "uma redução valorizadora da linguagem".

E é o que ele faz em "Serenata Sintética", reduzindo cada verso a uma única sílaba métrica,[3] ao mesmo tempo que carrega nas assonâncias (repetição da mesma vogal ao longo de um verso ou poema), repetindo obstinadamente os mesmos sons. Cassiano Ricardo leva às últimas consequências a ideia de que rima, métrica e ritmo são elementos essenciais da poesia, utilizando esses elementos tradicionais para fazer um poema pouco convencional, em que apenas três elementos espaciais (lua, rua e porta), dois adjetivos (morta e torta) e um pronome (tua) são suficientes para criar a atmosfera de uma situação amorosa. É possível até pensar que o ritmo unitário (uma sílaba tônica por verso) mimetiza os passos do amante, enquanto a disposição gráfica (uma estrofe para cada lado) traz para o poema o desenho da rua. Cabe ao leitor imaginar a situação: teria havido um encontro amoroso, na porta da casa, numa noite sem lua? Teria ficado o amante, solitário, olhando para a porta da casa da amada, tendo apenas por companhia uma lua morta?

Além de definir a "literariedade" como um uso especial da linguagem, a alternativa *b* estabelece uma função para a literatura: agradar o leitor e fazer que ele tenha uma compreensão profunda do mundo. É possível que o leitor se deleite com as repetições sonoras e com o ritmo de "Serenata Sintética", mas provavelmente a leitura desse poema não alterará a maneira como ele age e como entende o mundo. Pode ser até que um leitor ache o poema ruim e não se modifique absolutamente devido ao contato com ele. Parece ter sido o que aconteceu, quando um professor de Brasília apresentou

---

2 RICARDO, Cassiano. *Algumas reflexões sobre poética de vanguarda*. Rio de Janeiro: José Olympio, 1964.

3 A contagem de sílabas métricas desconsidera as sílabas posteriores à última tônica, de modo que no verso "morta" há apenas uma sílaba métrica, ainda que haja duas sílabas gramaticais.

poemas de Cassiano Ricardo para sua classe do Ensino Médio. Uma das alunas reagiu mal e divulgou sua opinião em seu *blog*:[4]

> Hummm... esses poemas até que me vieram a calhar, atualmente eu tô tendo q fazer um trabalho sobre poesia e com o azar que eu tenho, o meu grupo foi sorteado justamente com um dos poetas mais desconhecidos da lista...
>
> Até que esses poeminhas de anônimos estão me ajudando a entrar no clima da poesia... Vou até escrever aqui um dos poemas **(q eu particularmente acho mto ruim)** do poeta sorteado para o meu grupo...
>
> Serenata sintética
>
> (Cassiano   Ricardo)
>
> Rua torta
> Lua morta
> Tua porta
> *Ah! Fala sério!!! Alguém entendeu isso??? E eu ainda vou ter que fazer um trabalho inteirinho sobre esse poema, que segundo o Pensador é "um dos poemas mais belos que ele já viu"!!!*
> *enviado por LaDy*
> <u>MaD_INSANIDADE</u>   <u>Fala Insano[7]</u>

A autora do *blog* não viu nada de especial no poema, mas seu amigo, cujo codinome é Pensador (não por acaso!), declara que esse é um dos melhores poemas que ele já leu. Portanto, a qualidade estética não está no texto, mas nos olhos de quem lê.

Dessa forma, a alternativa que define literatura como arte da palavra visando ao deleite e ao aprimoramento do leitor não seria correta, pois nem sempre as pessoas sentem prazer ao ler um poema e nem sempre a literatura as modifica. A

---

4   http://totalmenteinsana.weblogger.terra.com.br/200305_totalmenteinsana
    _arquivo.htm, acesso em 20 abr. 2004.

CULTURA LETRADA: LITERATURA E LEITURA

alternativa estaria, então, meio certa, considerando-se apenas a parte da definição que identifica literatura com um uso especial da linguagem. Ou talvez essa alternativa esteja inteiramente errada, pois nem sempre um uso especial de linguagem garante que algo seja literário. O que você diria do texto abaixo?

Amigo disfarçado, inimigo dobrado.

A frase, anônima, escrita em um para-choque de caminhão, contém uma rima interna (disfarçado / dobrado) e divide-se em dois segmentos de 6 sílabas (1º: amigo disfarçado / 2º: inimigo dobrado). Os dois segmentos têm o mesmo ritmo e a mesma estrutura (substantivo + adjetivo). A semelhança estrutural acentua a dessemelhança semântica, pois a expressão organiza-se em torno de uma antítese (aproximação de palavras de sentido oposto). Alguém poderia se sentir atraído pela frase não apenas pelos jogos linguísticos, mas por ver ali um ensinamento ou um aviso sobre os falsos amigos. Portanto, a alternativa *b* aplica-se inteiramente a esse caso, pois há um uso artístico da palavra para provocar prazer no leitor e para ampliar sua visão do mundo.

Mas quem diria que *amigo disfarçado, inimigo dobrado* é um texto literário? Será essa, então, a alternativa que deve ser assinalada? Ainda é cedo para decidir.

c) Literatura é a expressão artística dos conteúdos da ficção ou imaginação por meio da palavra escrita.

Essa definição enfatiza, mais uma vez, a linguagem e a estrutura do texto. A *expressão artística* seria aquela em que há relações fortes (seja de reforço ou de contraste) entre som e sentido, entre organização do texto e tema apresentado.

Você já percebeu que nem todo texto literário faz um *uso artístico* da linguagem e que um *uso artístico* da linguagem não garante que o texto seja tido como *literatura*. Da mesma forma, nem toda ficção é *literária* assim como nem toda *literatura* é ficcional.

A novidade nessa definição fica por conta da exigência de que um texto literário seja registrado "por meio da palavra escrita". Se a escrita for uma característica necessária, o que fazer com poemas como *Ilíada* e *Odisseia*?

Eles são resultado da compilação de vários poemas épicos que narravam os feitos da guerra de Troia e o regresso dos guerreiros para casa. Algumas dessas narrativas em verso foram reunidas e fixadas por escrito a partir do século VI a.C. Naturalmente, havia diversas versões escritas, assim como havia vários poemas correndo de boca em boca. Por isso, os especialistas percebem, nos textos, uma mistura de dialetos de distintas épocas.[5]

Mesmo em sua forma escrita, os poemas conservam abundantes características orais, como as repetições e as fórmulas. Por exemplo, ao tratar de Ulisses, na *Odisseia*, o narrador frequentemente usa a expressão "astuto Ulisses", da mesma forma que, para introduzir alguma fala, repete sempre que determinada coisa "rompeu a barreira dos dentes" do personagem; nos inúmeros banquetes que ocorrem durante a narrativa, o vinho é invariavelmente "doce como o hidromel". São fórmulas fixas que facilitam a obtenção do número correto de sílabas no verso e que auxiliam a memorização, característica essencial quando se tem de decorar centenas de versos metrificados e rimados. Algumas vezes são repetidos versos inteiros, ou grupos de versos, de modo que garanta o fluxo da narrativa sem interrupção.

Hoje, nós os lemos como se tivessem sido escritos por Homero, mas talvez ele nem sequer tenha existido. Ou talvez ele fosse o bardo que melhor cantava as composições, mes-

---

5 HOMERO, *Odisseia*. 12.ed. São Paulo: Pensamento-Cultrix, 2002. Tradução, introdução e notas de Jaime Bruna.

CULTURA LETRADA: LITERATURA E LEITURA

clando elementos guardados na memória com a composição de improviso. Ou quem sabe tenha sido o responsável pela organização de poemas de ampla circulação, originalmente decorados e apresentados oralmente. Por terem tido origem e transmissão marcadas pela oralidade a *Ilíada* e a *Odisseia* deveriam deixar de ser *literatura*? Certamente não, já que esses textos são tidos como o marco inicial da literatura ocidental.

E o que fazer com os poemas compostos e apresentados oralmente por poetas nordestinos desde os tempos coloniais? Em quase toda ocasião em que se juntasse gente, apareciam poetas dispostos a contar histórias em verso ou a duelar com outro poeta em uma peleja. São ou não *literatura* versos como estes, compostos pelos cantadores Zé Pretinho e Cego Aderaldo em uma peleja ocorrida no início do século XX?

Zé Pretinho:
Eu vou mudar de toada
Para uma que mete medo
Nunca encontrei cantor
Que desmanchasse esse enredo:
É um dedo, é um dado, é um dia,
É um dia, é um dado, é um dedo.

Cego Aderaldo:
Zé Preto, esse teu enredo
Te serve de zombaria
Tu hoje cegas de raiva
O diabo será teu guia
É um dia, é um dado, é um dedo,
É um dedo, é um dado, é um dia.

Zé Pretinho:
Cego, respondeste bem
Como se tivesse estudado

Eu também de minha parte
Canto verso aprumado:
É um dado, é um dedo, é um dia,
É um dia, é um dedo, é um dado.[6]

Esses versos mostram que os poetas populares fazem um uso especial da linguagem, não apenas porque compõem versos rimados e metrificados, mas também por acrescentarem uma dificuldade linguística à contenda, tomando por mote um trava-língua: um dia, um dado, um dedo. Todo mundo sabe como é difícil pronunciar, sem tropeços, frases como essas. Os poetas as utilizam tentando fazer que seu adversário enrole a língua e não consiga continuar, situação na qual é declarado perdedor da disputa poética.

Cego Aderaldo e Zé Pretinho não se contentaram em fazer estrofes terminadas em trava-línguas e complicaram ainda mais a composição, exigindo que o último verso invertesse a ordem dos termos do anterior (dedo – dado – dia / dia – dado – dedo) e alterando a ordem dos termos a cada estrofe, forçando, consequentemente, uma mudança da rima. A primeira estrofe tem rimas em *edo*, pois o último verso termina em *dedo*; a segunda, em *ia*, já que o último verso termina em *dia*; e a terceira, em *ado*, devido à terminação em *dado*.

Parece um uso especial da linguagem, não? Segundo as definições mais usuais, isso deveria ser suficiente para incluir os desafios entre os textos literários, mas a maior parte dos especialistas em literatura discorda dessa ideia, excluindo os poemas orais e populares do conjunto de textos literários. Por quê?

---

6   As pelejas orais mais célebres costumam ganhar versão impressa em folheto. Dessa há pelo menos duas versões: *Peleja do Cego Aderaldo com José Pretinho do Tucum*, composta por Firmino Teixeira do Amaral e publicada em 17 de outubro de 1946; *Peleja do Cego Aderaldo com Zé Pretinho*, editada por José Bernardo da Silva em 15 de junho de 1962. A peleja está reproduzida também na *Antologia da Literatura de Cordel*, de Sebastião Nunes Batista (Natal: Fundação José Augusto, 1977). Trechos da peleja são analisados por Augusto de Campos, no artigo "Um dia, um dado, um dedo", publicado em *Verso, Reverso, Controverso*, São Paulo: Perspectiva, 1978.

Isso nos leva à penúltima alternativa:

d) Grande Literatura é simplesmente a linguagem carregada de significado até o máximo grau possível.

A essa altura, você já percebeu que literatura pode ser (ou não ser) muita coisa, mas jamais será *simplesmente*.

A definição apresentada na alternativa *d* insiste na forma peculiar como a linguagem é usada nos textos literários e na relação especial que ela estabelece com o significado. A novidade fica por conta da adjetivação: *Grande* Literatura.

Por trás da definição de *literatura* está um ato de seleção e exclusão, cujo objetivo é separar *alguns* textos, escritos por *alguns autores* do conjunto de textos em circulação. Os critérios de seleção, segundo boa parte dos críticos, é a *literariedade* imanente aos textos, ou seja, afirma-se que os elementos que fazem de um texto qualquer uma obra literária são internos a ele e dele inseparáveis, não tendo qualquer relação com questões externas à obra escrita, tais como o prestígio do autor ou da editora que o publica, por exemplo.

Entretanto, na maior parte das vezes, não são critérios linguísticos, textuais ou estéticos que norteiam essa seleção de escritos e autores. Dois textos podem fazer um uso semelhante da linguagem, podem contar histórias parecidas e, mesmo assim, um pode ser considerado literário e o outro não.

Entra em cena a difícil questão do *valor*, que tem pouco a ver com os textos e muito a ver com posições políticas e sociais. Por exemplo, já houve um tempo em que não se viam com bons olhos as produções femininas, pois as mulheres eram tidas como intelectualmente inferiores. Assim como os negros. Faça um teste: procure livros de história da literatura e veja quantas autoras são citadas até o final do século XIX. E quantos negros? Você, com certeza, conseguirá contar mulheres e negros consagrados nos dedos de uma só mão. Nos mesmos livros, procure referências a obras escritas por gente pobre. Talvez você nem precise da outra mão... Passe agora para o século XX e veja em quantas delas são analisados autores de *best-sellers*. Feche a mão – você não vai mais precisar dela.

Não é possível garantir a seleção dos textos *literários* apenas pela definição de gêneros (poesia, prosa de ficção, teatro etc.), por procedimentos linguísticos (ritmo, rima, métrica etc.) ou pela utilização de figuras de linguagem (metáfora, aliteração, antítese etc.). O romance, por exemplo, é um gênero literário, mas nem todo romance é considerado *literatura*, assim como a rima é um procedimento literário, mas nem tudo que rima é considerado *literatura*, da mesma forma que a assonância é uma figura literária, mas nem toda repetição sonora é considerada *literatura*, e assim por diante.

Para resolver esse problema, recorre-se à adjetivação do substantivo *literatura*, criando o conceito de *Grande Literatura* ou de *Alta Literatura* ou de *Literatura Erudita* – sempre com maiúsculas – para abrigar aqueles textos que interessam, separando-os dos outros textos em que também se encontram características *literárias*, mas que não se quer valorizar. Para esses reservam-se outras expressões, também adjetivadas: *literatura popular, literatura infantil, literatura feminina, literatura marginal...*

Para que uma obra seja considerada *Grande Literatura* ela precisa ser declarada *literária* pelas chamadas "instâncias de legitimação". Essas instâncias são várias: a universidade, os suplementos culturais dos grandes jornais, as revistas especializadas, os livros didáticos, as histórias literárias etc.[7] Uma obra fará parte do seleto grupo da *Literatura* quando for declarada literária por uma (ou, de preferência, várias) dessas instâncias de legitimação. Assim, o que torna um texto *literário* não são suas características internas, e sim o espaço que lhe é destinado pela crítica e, sobretudo, pela escola no conjunto dos bens simbólicos.

---

7   Se você quiser saber mais sobre isso, leia o livro *Is there a text in the class?*, de Stanley Fish (Cambridge/Londres: Harvard University Press, 1980). Em bom português, pode-se ler o excelente (e divertido) livro *Literatura*: leitores & leitura, de Marisa Lajolo (São Paulo: Moderna, 2001).

CULTURA LETRADA: LITERATURA E LEITURA

O prestígio social dos intelectuais encarregados de definir *Literatura* faz que suas ideias e seu gosto sejam tidos não como uma opinião, mas como a única verdade, como um padrão a ser seguido.

O conceito de *Literatura* foi naturalizado – ou seja, tomado como natural e não como histórico e cultural – e por isso se tornou tão eficiente. Por esse motivo, em geral, as definições são tão vagas e pouco aplicáveis. Apresenta-se a *Literatura* como algo universal, como se sempre e em todo lugar tivesse havido literatura, como se ela fosse própria ao ser humano. Um médico não precisa discutir o que é um fígado ou o que é um coração – pois eles têm existência física no mundo concreto. Nós temos que discutir o que é literatura, pois ela é um fenômeno cultural e histórico e, portanto, passível de receber diferentes definições em diferentes épocas e por diferentes grupos sociais.

Estamos tão habituados a pensar na literariedade intrínseca de um texto que temos dificuldade em aceitar a ideia de que não é o valor interno à obra que a consagra. O modo de organizar o texto, o emprego de certa linguagem, a adesão a uma convenção contribuem para que algo seja considerado *literário*. Mas esses elementos não bastam. A *literariedade* vem também de elementos externos ao texto, como nome do autor, mercado editorial, grupo cultural, critérios críticos em vigor.

A essa altura, você deve estar se perguntando: e o que fazer com a questão de literatura do vestibular que pedia para escolher a alternativa que não correspondesse ao texto de Mario Vargas Llosa e que, portanto, não expressasse uma definição correta de literatura? Todas parecem corretas, de um ponto de vista, mas erradas de outro. Não tenha dúvida: crave um **X** na alternativa *e*, que é a única indubitavelmente errada: ciência e literatura não têm o mesmo objeto de estudo, nem o mesmo método, tampouco servem aos mesmos fins da vida humana. Mas isso não ajuda muito a saber o que é literatura...

■

2 "Infelizmente, não poderemos publicar sua obra" – o nome do autor e o juízo estético

Olhe para a imagem abaixo e decida: trata-se de uma obra de arte ou do desenho de um menino que não consegue colocar o retângulo no centro do papel?

FIGURA 2.

CULTURA LETRADA: LITERATURA E LEITURA

Assim, sem maiores considerações, você deve ter ficado em dúvida. Tudo muda de figura quando se sabe que se trata de um quadro da artista plástica Tomie Ohtake.[1]
Um pouco mais de informação pode ajudar:

TOMIE Ohtake
(1913, Kioto, Japão)
Chegou ao Brasil em 1936, fixando-se em São Paulo, onde se naturalizou brasileira. Seus primeiros estudos de pintura foram com Keya Sugano, mestre japonês que esteve de passagem pelo Brasil nos anos 50. Participou do Salão Paulista de Arte Moderna (pequena e grande medalhas de ouro em 1959 e 1962). Participou diversas vezes da Bienal de São Paulo a partir de 1961 (sala especial em 1996), e de várias bienais internacionais, como as de Veneza (Itália), Medellín (Colômbia) e Havana (Cuba), nesta última com sala especial em 1986. Realizou diversas exposições individuais no Brasil e no exterior, com destaque para a recente mostra retrospectiva, de novembro de 2000 a janeiro de 2001, no Centro Cultural Banco do Brasil, Rio de Janeiro. A seu respeito escreveu Clarival do Prado Valladares: "De acordo com alguns críticos, a pintura de Tomie Ohtake corresponde a um dos pontos mais elevados do abstracionismo já produzido no Brasil. (...) Quando observamos as grandes manchas das telas de Tomie Ohtake percorrerem quase o imensurável das variações tonais de uma cor básica, ocupando uma superfície como se todo universo se resolvesse naquela experiência e naquele momento, sentimo-nos bem próximos de uma exegese da pintura".
Referências: *Tomie Ohtake* (Ex Libris, 1983), de Casimiro Xavier de Mendonça; *História geral da arte no Brasil* (Instituto Walther Moreira Salles/Fundação Djalma Guimarães, 1983), coordenação de Walter Zanini; *Seis décadas de arte moderna na coleção Roberto Marinho* (Pinakotheke, 1985), texto sobre Tomie de autoria de Jayme Maurício; *Novos horizontes*: pintura mural nas cidades brasileiras (Banco Nacional, 1985), de Olívio Tavares de Araújo; *Entre dois séculos*: arte brasileira do século XX na coleção Gilberto Chateaubriand (JB, 1987), de Roberto Pontual; *Dacoleção*: os cami-

---

1   *Sem Título*. Óleo sobre tela, assinatura no verso. 73 x 92 cm.

nhos da arte brasileira (Júlio Bogoricin Imóveis, 1986) e *Cronologia das artes plásticas no Rio de Janeiro*: 1816-1994 (Topbooks, 1995), de Frederico Morais; *Gota d'água* (Berlendis & Vertecchia, 1995, Coleção Arte para Criança), de Alberto Goldin; *Harry Laus*: artes plásticas (Centro Cultural Harry Laus, 1996), organização de Ruth Laus; *O olho da consciência*: juízos críticos e obras desajuizadas (Edusp, 2000), de Arnaldo Pedroso d'Horta, organização de Vera d'Horta; *Arte brasileira na Coleção Fadel*: da inquietação do moderno à autonomia da linguagem (A. Jakobsson, 2002), de Paulo Herkenhoff; *O olhar amoroso* (Momesso, 2002), de Olívio Tavares de Araújo.[2]

A pequena biografia, divulgada no *site* da Bolsa de Arte, enumera as *instâncias de legitimação* pelas quais passaram os trabalhos de Tomie Ohtake e que fizeram deles *obras de arte*. Desde meados do século passado, sua produção foi exposta em galerias de prestígio e em grandes museus, inicialmente no Brasil, mas depois em todo o mundo. Além de expor, ela conquistou vários prêmios, conferidos por críticos abalizados. Sua obra é analisada em mais de uma dezena de publicações especializadas, citadas na lista das "Referências".

O crítico de arte Clarival do Prado Valladares, que já sabia disso tudo, foi capaz de ver muita coisa onde você, provavelmente, viu apenas um retângulo branco sobre fundo vermelho. Ele observa que as "grandes manchas" criadas por Tomie Ohtake percorrem "quase o imensurável das variações tonais de uma cor básica" e ocupam a superfície "como se todo universo se resolvesse naquela experiência e naquele momento". Para ele, esse uso da cor e essa distribuição no espaço são quase "uma exegese da pintura", ou seja, equivalem a uma interpretação minuciosa da própria arte de pintar. Um trabalho escolar com tinta, seguramente, não daria margem a esse tipo de interpretação.

---

2 http://www.bolsadearte.com. Seção Biografia / Tomie Ohtake. Acesso em 12 maio 2006.

Faz toda diferença, portanto, saber quem é o autor, ou seja, o fato de haver uma assinatura, ainda que discreta, no verso da obra, muda tudo. A assinatura confere autoria à obra e a inscreve em uma convenção a partir da qual os críticos e o público especializado olham para ela.

FIGURA 3. ASSINATURA DE TOMIE OHTAKE.

O valor estético, no mundo da arte, ganha a concretude dos cifrões. Um retângulo branco cercado de vermelho por todos os lados não deve valer muito dinheiro, mas uma obra de Tomie Ohtake vale alguns milhares *de dólares*. O quadro que você acaba de ver foi vendido no leilão promovido pela Bolsa de Arte em setembro de 2003 por vinte e sete mil dólares (US$ 27.000,00), o que correspondia, à época, a oitenta e um mil reais (R$ 81.000,00).[3]

Esse preço não tem nada a ver com o valor material do quadro (com o custo da tela, da tinta, dos pincéis), mas com o valor simbólico da obra.

Outro exemplo do mesmo fenômeno, em sentido inverso, pode ser visto na recusa, há alguns anos, de texto de Machado de Assis por grandes editoras brasileiras.

Em 1999, a *Folha de S.Paulo* fez uma "pegadinha" com as editoras Companhia das Letras, Objetiva, Rocco, Record,

---

3 http://www.bolsadearte.com, acesso em 12 maio 2006.

L&PM e Ediouro, oferecendo para publicação o pouco conhecido livro *Casa Velha*, de Machado de Assis. A "pegadinha" consistia em não dizer para ninguém que era um livro de Machado de Assis: os supostos originais, digitados e impressos em impressora comum, foram encadernados numa papelaria de esquina e enviados sem título sob um falso nome de autor. Para correspondência, era indicado um endereço eletrônico criado especialmente para esse fim. Seis meses depois de recebê-lo, três editoras nem sequer haviam dado alguma resposta, enquanto outras três entraram em contato com o fictício autor, dizendo que não tinham interesse na publicação.[4]

FIGURA 4. CAPA DA EDIÇÃO DE *CASA VELHA*, DE MACHADO DE ASSIS.

As cartas enviadas pelas editoras recusando a publicação não dão nenhuma pista sobre o motivo do desinteresse: "o parecer de nossa comissão de leitura não foi favorável à sua

---

4 *Folha de S.Paulo*, São Paulo. 21 abr. 1999. Ilustrada, p.4.1.

CULTURA LETRADA: LITERATURA E LEITURA

publicação pela editora", disse a Companhia das Letras; "infelizmente, não poderemos publicá-los", ponderou a Objetiva; "informamos que infelizmente sua publicação não foi recomendada, embora possua evidentes qualidades", informou a Rocco, dando esperanças ao suposto autor.

Ainda assim, as três garantem que o texto foi lido e avaliado por especialistas em literatura. Na editora Rocco, havia vários funcionários designados especialmente para a leitura de originais – alguns faziam uma primeira seleção, encaminhando o texto para uma segunda e, às vezes, para uma terceira opinião. O texto de Machado, examinado por pessoas que tinham "no mínimo mestrado em literatura", não passou da primeira leitura. Na Companhia das Letras, havia sete leitores especialistas encarregados de fazer um primeiro exame dos originais para, em seguida, encaminhar os escolhidos para "pareceristas especializados". No caso do texto de Machado, nem sequer foi preciso acionar os especialistas.

Não se pode atribuir a recusa do texto à falta de habilidade dos leitores e ao seu despreparo. Essas pessoas devem viver sufocadas debaixo de uma montanha de papel, pois as editoras recebem entre 50 e 100 originais por mês para avaliar, o que deve lhes dar um traquejo na análise de textos que poucos leitores terão.

Entretanto, nenhum deles reconheceu o texto que tinha diante dos olhos como tendo sido escrito por aquele que é tido como o maior autor da literatura brasileira. Se a experiência tivesse sido feita com estudantes, certamente se encontraria uma explicação fácil para o caso: é culpa da falência do ensino brasileiro... os jovens não têm o hábito da leitura... a ignorância os impede de perceber a excelência do texto... Aqui, não vai dar para culpar o leitor, pois eles são leitores de profissão. Nesse caso, o "problema" não está no texto, tampouco nos leitores, e sim nas expectativas de leitura e na falta de conhecimentos prévios sobre o autor.

Sem saber quem era o autor, os avaliadores devem ter considerado: há mercado para esse tipo de enredo? Esse arcaísmo linguístico será um empecilho à leitura? Ou os leitores acharão graça numa história à moda antiga? Temos muitos livros do mesmo tipo em catálogo? Há interesse, no momento, por romances históricos?

Se as editoras tivessem sido procuradas para publicar um livro de Machado de Assis, provavelmente a resposta seria outra. Sabendo quem era o autor do livro, as editoras nem sequer precisariam considerar questões estéticas e tomariam sua decisão de publicar levando em conta critérios como: baixa concorrência (não há edições deste livro no mercado); isenção de pagamento de direito autoral (70 anos após a morte do autor, cessam os direitos autorais); público cativo (obrigatoriedade da leitura de textos de Machado de Assis em escolas e faculdades; presença do autor em listas de livros para exames vestibulares); economia com propaganda (não é necessário divulgar o nome do autor) etc.

FIGURA 5. MACHADO DE ASSIS.

Sabendo que o livro era de Machado de Assis, talvez também não o publicassem, mas as justificativas teriam de ser de outra ordem. Declarado o autor, as editoras trataram de se explicar:

CULTURA LETRADA: LITERATURA E LEITURA

O problema é de mercado mesmo. A pessoa que avaliou o livro disse que, de cara, pesou o fato de parecer uma novela histórica, gênero que teve um *boom* há alguns anos. Só para 99 já contratamos três livros assim, sendo que dois são exatamente desse período. Julgamos que o autor imitava um estilo antigo, o que é complicado para o leitor de hoje, às vezes, um empecilho. A linguagem é um pouco rebuscada. (Representante da Rocco.)

Estilos também envelhecem. Uma coisa é o autor dentro de seu contexto literário e político. Outra, é ele hoje. [*Casa Velha*]... não cativa, não está dentro do que estamos buscando, não tem empatia com o leitor brasileiro de 1999. (Gerente editorial da Objetiva.)

Fica claro que a *qualidade literária* do texto não é critério absoluto. O que é bom como romance-de-autor-consagrado--do-século-XIX não é bom como romance-inédito-de-autor--contemporâneo-e-desconhecido. Ou seja, mais do que o texto, são os conhecimentos prévios que temos sobre seu autor, seu lugar na tradição literária, seu prestígio (etc.) que dirigem nossa leitura.

A recusa de uma obra de Machado de Assis foi motivo de escândalo e polêmica, gerando umas tantas matérias de jornal. Só se explica o motivo de tamanho espanto pela crença na literariedade imanente ao texto. A reação das editoras não é realmente surpreendente para quem não acredita em uma leitura e em um julgamento puramente literários, baseados apenas no contato entre um leitor e um texto. As condições em que se produziu a leitura dos especialistas contratados pelas editoras são semelhantes, assim como têm características comuns as pessoas que a realizaram. São profissionais das letras, vivem em grandes cidades, ganham a vida lendo continuamente textos escritos por gente que quer se tornar escritor, leem com uma finalidade específica: identificar debaixo de uma pilha de originais quais são os textos que podem ter interesse para alguma fatia do mercado, que podem aumentar o capital simbólico e financeiro da editora para a qual trabalham de forma que mantenha seu emprego ou melhore sua posição na empresa (por exemplo, tirando a sorte grande de descobrir o próximo escritor de sucesso).

Nessas condições, eles fizeram a escolha certa ao recusar a publicação de *Casa Velha*. Da mesma forma que acertariam ao tratar de modo diferenciado o mesmo texto se soubessem que ele tinha sido escrito por um autor consagrado e canonizado.

Os especialistas em leitura, assim como os comuns mortais, acionam um conjunto de conhecimentos, crenças e suposições muito mais amplo do que a capacidade de decifrar um texto escrito quando estão lendo. A imagem que se tem do lugar do autor do texto na cultura é um dos elementos que afetam fortemente a maneira pela qual se leem seus textos e se avaliam suas obras.[5]

Para quem ainda não se convenceu, mais um exemplo pode ser útil. Se, no caso de Machado de Assis, a omissão do nome do autor "atrapalhou" a leitura da obra, numa outra situação foi necessário inventar um autor para se obter a leitura "certa".

Foi o que aconteceu no século XVIII, na Inglaterra. Em 1760, um desconhecido escritor escocês, chamado James Macpherson, anunciou a descoberta de antiquíssimos poemas gaélicos compostos por Ossian, um poeta cego, que vivera no século III nas terras altas escocesas. Macpherson afirmava que havia coletado os poemas da boca de pessoas simples que os sabiam recitar ou que haviam guardado velhos manuscritos de textos antigos em que eram narradas as aventuras heroicas de Fingal e seu povo. Todo o material recolhido foi traduzido e publicado por Macpherson em dois livros: *Fingal: um antigo poema épico em seis livros, junto com*

---

5 Se você quiser tomar uma decisão sobre o livro, vá ao *site* da Biblioteca Virtual do Estudante Brasileiro (www.futuro.usp.br/bibvirt) e leia o texto integral de *Casa Velha*.

vários outros poemas compostos por Ossian, filho de Fingal (1761) e *Temora: um antigo poema épico em oito livros, junto com vários outros poemas compostos por Ossian, filho de Fingal* (1763). O sucesso foi extraordinário, provocando o que se chamou de "febre de Ossian" por toda a Europa. Pais batizavam seus filhos com nome de "Oscar" e "Selma" em homenagem aos poemas; traduziram-se os livros para os mais variados idiomas; intelectuais de diversos países voltaram-se para as regiões agrícolas e para velhos baús, buscando poemas orais e antigos; escoceses felicitavam-se por terem encontrado seu poema de origem, seu Homero celta.

Mas a alegria durou pouco. Samuel Johnson, o maior filólogo do país na época, foi a público declarar que Macpherson era um impostor, que escrevera os poemas e não os traduzira como afirmava. Os poemas eram uma fraude.

Imediatamente, instalou-se uma polêmica, dividindo os intelectuais entre os adeptos do bardo cego e os desconfiados acusadores de Macpherson. O autor morreu, em 1796, sem apresentar provas de que houvesse realmente manuscritos antigos ou coletas de poemas orais. A polêmica entre opositores e defensores sobreviveu ao autor. No ano seguinte, a Sociedade das Terras Altas da Escócia formou uma comissão para investigar a situação, entrevistando velhos e velhas do interior do país para saber se conheciam Ossian ou algum de seus poemas. Ninguém nunca tinha ouvido falar no tal bardo, mas sabiam recitar uns versos que evocavam situações tratadas nas poesias e em que tomavam parte personagens de nome Fingal.

Aparentemente, Macpherson tomou por base textos recolhidos da tradição oral e com eles construiu seus poemas épicos, completando lacunas, criando episódios, omitindo passagens que parecessem destoar da dignidade que deve ter um poema de fundação.

Mas por que ele inventou Ossian? Porque ele sabia (ou intuía) que os poemas seriam lidos de maneira diferente se ele, James Macpherson, um desconhecido escritor escocês, os assinasse.

Em meados do século XVIII o pensamento intelectual europeu estava passando por profundas transformações, que levaram alguns intelectuais a começar a se opor às ideias iluministas de apego à razão e ao equilíbrio. Começaram também a construir a ideia de nação como unidade coesa internamente e distinta do que está ao seu redor.

A cultura popular ajustava-se como uma luva a essa situação, pois, do ponto de vista dos intelectuais da época, as canções e histórias que o povo cantava e contava eram primitivas, ingênuas, sem rebuscamento, mas cheias de verdade e sentimento. Ao menos era isso que pensavam os homens cultos da época. Söderhjelm, um intelectual finlandês, afirmava que

> Nenhuma pátria pode existir sem poesia popular. A poesia não é senão o cristal em que uma nacionalidade pode se espelhar, é a fonte que traz à superfície o que há de verdadeiramente original na alma do povo.[6]

Nessa situação, os escoceses esperavam por um bardo, tão cego quanto Homero, que compusesse narrativas tão épicas quanto a *Ilíada* e a *Odisseia*, em linguagem tão simples e poética quanto o murmúrio das águas de um riacho. Eles queriam um Ossian e não mais um Macpherson.

Sem o bardo, os poemas não seriam lidos da mesma maneira, porque não cumpririam o papel de poema de fundação da nacionalidade escocesa, não permitindo imaginar que os personagens realmente existiram em tempos remotos nas terras altas da Escócia. Lendo poemas de *Ossian*, era possível fazer uma leitura política do texto, vendo nele o primeiro grito de nacionalidade e independência.

---

6   O trecho é citado por BURKE, Peter. *Cultura popular na Idade Moderna*. São Paulo: Companhia das Letras, 1989.

CULTURA LETRADA: LITERATURA E LEITURA

Sem o bardo, os leitores teriam mais dificuldades para emocionar-se com a originalidade, a simplicidade e a espontaneidade dos poemas, pois eles soariam mal na boca de um intelectual universitário como Macpherson. Lendo poemas *de um antigo bardo*, era possível um tipo especial de apreciação estética que valorizava o inculto, o não elaborado, o que parecia brotar naturalmente.

Os escoceses não foram os únicos a apreciar os poemas. A valorização do popular tinha se espalhado pelo mundo. Diz-se que Napoleão não se separava de seu exemplar das obras de Ossian durante suas campanhas militares. Curiosamente, a ação de Napoleão, anexando continuamente novos territórios à França, foi uma das causas da exacerbação do sentimento nacionalista: aqueles que tinham perdido sua autonomia usavam a ideia de que certo território, com sua língua e cultura peculiares, constituía uma nação com características próprias, de modo que não se podia aceitar a anexação a uma outra nação. Provavelmente Napoleão fazia uma leitura diferente, interessando-se, talvez, pela evocação mítica do passado, das terras nebulosas, dos amores guerreiros.

Outras personalidades, como Madame de Staël, Goethe, Herder, também leram, cada um a seu modo, os poemas de Ossian. No século XIX, os poemas chegaram ao Brasil e também conquistaram admiradores, como José Bonifácio, Álvares de Azevedo, José de Alencar, Machado de Assis. Junto com os poemas, chegou a polêmica sobre a autoria. Um dos tradutores do poema para o português, Francisco Otaviano, comentou, em 1843, a questão da autenticidade dos versos, no prefácio que preparou para sua tradução:

> Homero e Ossian são poetas irmãos pelo gênio e pelo destino... A crítica moderna pôs em dúvida a personalidade de ambos os poetas, o grego e o celta. Teriam eles dado o nome apenas ao complexo de uma literatura, ou existiram realmente como gênios criadores? Mau grado os célebres prolegômenos de Wolf, pretendo

demonstrar que a epopeia grega fora um trabalho coletivo: mau grado a contestação do Dr. Johnson à autenticidade dos cânticos erses ou gaélicos de Macpherson, não posso arrancar de minha alma a crença profunda na existência real e no engenho divino do vate da Grécia e do bardo da Caledônia.[7]

Para essa leitura romântica, que aposta no indivíduo e no gênio criador, era importante que Ossian fosse o autor dos versos, assim como Homero fosse o autor da *Ilíada* e da *Odisseia*.

Hoje podemos ler os poemas sabendo que são uma recriação de Macpherson. Podemos até nos emocionar, mas não nos sentiremos entrando em contato com a genuína expressão da alma popular antiga. Mais provavelmente pensaremos que ele expressa a visão de um intelectual do século XVIII sobre como deveria ser um poema antigo e popular.

Naquele momento, havia um grande entusiasmo pela cultura popular, porque ela respondia bem a anseios políticos, estéticos e intelectuais da época. O popular propicia, ainda hoje, algum encanto, mas a ele é reservado um lugar bem delimitado: o lugar do folclórico, do exótico, do primitivo. Nas aulas de literatura pouco ou nada se estuda sobre as composições populares. Elas têm mais chance nos estudos sociológicos e antropológicos.

Faça um último teste (ao menos o último desse capítulo!). Leia o poema abaixo e decida se, em uma escola convencional, ele seria estudado na aula de Literatura Brasileira ou se seria visto na Semana do Folclore:

Vou-me embora vou-me embora
Vou-me embora pra Belém
Vou colher cravos e rosas
Volto a semana que vem

---

7   Citado por Ana Lúcia de Souza Henriques, em seu artigo "Machado de Assis, leitor de Ossian", publicado no livro *A Biblioteca de Machado de Assis*, organizado por José Luís Jobim. Rio de Janeiro: Academia Brasileira de Letras e Topbooks, 2001. O estudo de Ana Lúcia de Souza Henriques traz interessantes informações sobre a recepção de Ossian no Brasil.

CULTURA LETRADA: LITERATURA E LEITURA

Vou-me embora paz da terra
Paz da terra repartida
Uns têm terra muita terra
Outros nem pra uma dormida

Não tenho onde cair morto
Fiz gorar a inteligência
Vou reentrar no meu povo
Reprincipiar minha ciência

Vou-me embora vou-me embora
Volto a semana que vem
Quando eu voltar minha terra
Será dela ou de ninguém.

Tendo lido o que leu até aqui, você já deve estar pensando que tudo é o que não parece ser. Por isso pode estar inclinado a dizer que este é um poema muito erudito. Mas, convenhamos, parece bem popular. São versos de sete sílabas, rimados e organizados em quadras que desenvolvem o mote "vou-me embora". Isso é caracteristicamente popular, portanto, lá vai o poema para a Semana do Folclore. Alto lá! Faltou pensar sobre quem é o autor. A coisa muda de figura quando se sabe que esses versos foram escritos por Mário de Andrade como parte de O *carro da miséria* (1947).

Sabendo que o poema foi escrito por Mário de Andrade, você se lembrará das propostas modernistas e de seus objetivos, entre os quais estava a aproximação com a cultura popular, a recuperação de canções, narrativas, músicas e versos produzidos pela gente pobre e do interior do país. Muitos artistas buscaram empregar procedimentos tipicamente populares na literatura, na pintura e na música. Mário de Andrade foi dos que mais se destacaram, realizando "viagens etnográficas" pelo Brasil, para conhecer os jeitos dos brasileiros, sua sintaxe, suas palavras, sua entonação. Vários trabalhos seus são resultado desse interesse pela cultura popular, mas o de maior repercussão parece ter sido *Macunaíma, o herói sem nenhum caráter*, publicado em 1928, cujo herói (ou anti-herói) é uma espécie de síntese das virtudes e defeitos dos brasileiros.

Em seus poemas Mário de Andrade valoriza a fala brasileira, buscando uma "estilização culta da linguagem popular da roça como da cidade, do passado e do presente", como ele dizia. O poema acima é um exemplo desse tipo de interesse.

Talvez você tenha pensado, logo de cara, que esse era um poema erudito, devido ao uso de termos como "ciência", "re-principiar", "inteligência", "reentrar". Se você pensou nisso, sinto muito, mas é só seu preconceito. Os poetas populares, diferentemente do que muitos pensam, não têm um vocabulário limitado às palavras do cotidiano e ao mundo concreto. Ao contrário, assim como os demais poetas, eles têm um interesse acentuado pelas palavras, inclusive pelas raras, utilizando esse conhecimento, por exemplo, nas pelejas e desafios já comentados aqui.

Mário de Andrade parecia saber do preconceito que rondava as produções populares, tidas como simples e ingênuas, quando compôs o

Lundu do escritor difícil

Eu sou um escritor difícil
Que a muita gente enquizila,
Porém essa culpa é fácil
De se acabar duma vez:
É só tirar a cortina
Que entra luz nesta escurez.
Cortina de brim caipora,
Com teia caranguejeira
E enfeite rúim de caipira,
Fale fala brasileira
Que você enxerga bonito
Tanta luz nesta capoeira
Tal-e-qual numa gupiara.

CULTURA LETRADA: LITERATURA E LEITURA

Misturo tudo num saco,
Mas gaúcho maranhense
Que para no Mato Grosso,
Bate este angu de caroço
Ver sopa de caruru;
A vida é mesmo um buraco,
Bobo é quem não é tatu!

Eu sou um escritor difícil,
Porém culpa de quem é!...
Todo difícil é fácil,
Abasta a gente saber.
Bajé, pixé, chué, oh "xavié",
De tão fácil virou fóssil,
O difícil é aprender!

Virtude de urubutinga
De enxergar tudo de longe!
Não carece vestir tanga
Pra penetrar meu caçanje!
Você sabe o francês "singe"
Mas não sabe o que é guariba?
- Pois é macaco, seu mano,
Que só sabe o que é da estranja.[8]

Corra para o dicionário e descubra o sentido das palavras, encontrando o significado de regionalismos, gírias, termos indígenas e africanos, de que você nunca tinha ouvido falar. Mas não se desespere! Lembre-se: "Todo difícil é fácil, Abasta a gente saber".

Quando empregados por autor culto, os termos regionais, os desvios gramaticais, as impropriedades, a mistura de pronomes passam de defeito a virtude. O popular só costuma ter espaço nas aulas de Literatura, quando filtrado por um autor erudito; só costuma ter espaço como "estilização culta".

---

8   Composto em 1928 e publicado em *A costela do grão cão*. ANDRADE, Mário. *Poesias completas*. São Paulo: Círculo do Livro, s.d.

Ao tratar de literatura e de valor estético, estamos em terreno movediço e variável e não em terras firmes e estáveis. O que se considera literatura hoje não é o que se considerava no século XVIII; o que se considera uma história bem narrada em uma tribo africana não é o que se considera bem narrado em Paris; o enredo que emociona uma jovem de 15 anos não é o que traz lágrimas aos olhos de um professor de 60 anos; o que um crítico literário carioca identifica como um uso sofisticado de linguagem não é compreendido por um nordestino analfabeto. O problema é que o parisiense, o professor, o crítico literário, o homem maduro têm mais prestígio social que o africano iletrado, a jovem, o lavrador. Por isso conseguiram que seu modo de ler, sua apreciação estética, sua forma de se emocionar, seus textos preferidos fossem vistos como o único (ou o correto) modo de ler e de sentir.

A introdução da literatura como disciplina escolar teve um papel decisivo na difusão da ideia de que a *Literatura* (aquela que se chama de *Grande*) não é algo particular e historicamente determinado, mas sim um bem comum ao ser humano, que deve ser lido por todos e lido da mesma maneira.

Nós vamos fazer diferente. Vamos ver, nos próximos capítulos, o que alguns jovens, alguns pobres, alguns analfabetos, algumas pessoas comuns pensam sobre ficção, poesia e beleza.

3 "Versos simples e rudes produzidos pela cultura popular" – a beleza e o sentido estético em culturas outras

A avaliação estética e o gosto literário variam conforme a época, o grupo social, a formação cultural, fazendo que diferentes pessoas apreciem de modo distinto os romances, as poesias, as peças teatrais, os filmes. Muitos, entretanto, tomam algumas produções e algumas formas de lidar com elas como as únicas válidas. E aí reclamam porque o brasileiro não lê e não tem interesse pela cultura. Muita gente pensa assim e por isso são criadas organizações encarregadas de difundir o gosto pela leitura, são elaboradas propagandas divulgadas pelo rádio, pela televisão, em jornais, em *outdoors* e em revistas para estimular a leitura e o contato com livros.

Quem pensa assim talvez não conheça o mundo dos folhetos de cordel, vendidos baratinho em feiras, festas e mercados. Em meados do século passado, período de auge dos folhetos, era possível vender milhares de exemplares, se o assunto fosse bom. Folhetos sobre a morte de Getúlio Vargas venderam 200 mil exemplares; sobre a renúncia de Jânio Quadros, 70 mil; sobre a morte de Lampião, 50 mil.[1] Para

---

1 MEYER, Marlyse. *Autores de cordel*. São Paulo: Abril Educação, 1980.

que você tenha uma ideia do que isso significa, é preciso saber, por exemplo, que o grande sucesso de Jorge Amado, *Gabriela, cravo e canela*, vendeu 20 mil exemplares em sua 1ª edição, em 1958 – o que foi visto por todos como uma venda extraordinária. Livros menos atrativos, escritos por autores de menor destaque e com investimento em propaganda menos intenso, não passavam dos 1.000 exemplares em uma primeira edição.[2]

Hoje em dia, as vendas de folhetos são muito menores, mas houve um tempo em que até analfabetos compravam folhetos, esperando encontrar alguém que pudesse lê-los em voz alta. O escritor Orígenes Lessa conta ter encontrado, um dia, na loja do poeta Manuel Camilo dos Santos, uma velha senhora, de lábios murchos pela falta dos dentes, acompanhada de uma menina de uns dez anos de idade. Ambas pareciam fascinadas olhando para os folhetos expostos para venda. Disse a velha:

– Seu Camilo, eu queria mais um romance...
– De que qualidade?
– Qualquer um.
– Não tem preferência?
– Quero um bom. O senhor, que é poeta, é quem sabe.
Ele remexe no balcão, faz a escolha.
– "O Índio Leão da Selva"... Leve este, que é bom.
– Se é com índio, eu vou gostar. Ainda mais com leão –
sorri a velha, tão sem dentes, o vivo olhar iluminado.
E já de folheto na mão:
– Quanto custa?
– Cinco cruzeiros.
Aí os olhos se anuviam.

---

2 HALLEWELL, Laurence. *O livro no Brasil*. São Paulo: T.A. Queiroz, Edusp, 1985.

CULTURA LETRADA: LITERATURA E LEITURA

– Aí, eu não posso levar, me desculpe. Só tenho quatro.
Na hesitação entre os dois entra a voz da menina:
– Não chega, vó?
– Chega não.
Comovido, intervenho:
– Eu completo, posso?
– Por isso não – diz Camilo. – Ela paga o resto na outra vez. É freguesa honrada, de toda confiança. Pessoa de muita moral.[3]

Orígenes Lessa fica admirado com a situação, pois nunca tinha visto alguém entrar numa livraria, com seus últimos tostões, para comprar um livro "de qualquer qualidade". Mais admirado ainda ficou quando soube que a velha senhora era analfabeta. Quem lia os folhetos era a neta, em voz alta, para a avó ouvir.

E dizer que o brasileiro não gosta de ler... Ao menos os que compram folhetos parecem gostar, e não é de hoje.

A publicação de folhetos começou no final do século XIX, na Paraíba, onde alguns homens pobres e talentosos adquiriram prensas manuais de jornais que já não as usavam para fazer suas publicações. Com essas prensas, montaram pequenas gráficas em suas casas, onde, junto com a mulher e os filhos, transformavam em folhetos os poemas que tinham composto. O trabalho era bem dividido: uns montavam os clichês, juntando as letras metálicas e formando os versos; outros prensavam essas formas sobre o papel; uns dobravam as folhas impressas em quatro, formando um folheto; outros colavam a capa.

Quase nenhum desses poetas ganhava dinheiro pela composição dos versos, e sim pela comercialização dos folhetos,

---

3 LESSA, Orígenes. *A voz dos poetas*. Rio de Janeiro: Fundação Casa de Rui Barbosa, 1984.

vendidos em feiras e mercados, nas estações de trem e de ônibus, nas festas nas fazendas e nas casas da cidade. Quando o estoque terminava, o poeta se cansava ou a saudade apertava, voltava para casa para preparar um novo conjunto de folhetos. Em meados do século passado, alguns poetas passaram a ter pontos fixos de venda, expondo seus folhetos (e o de seus colegas) pendurados em varais, espalhados pelo chão ou dispostos em uma barraca.

Desempenhar, ao mesmo tempo, múltiplas funções (compositor, editor e vendedor) trazia vantagens para esses poetas, pois a definição do que seja um folheto de cordel tem a ver não só com os versos e as rimas, mas também com a forma material.

O folheto é uma brochura com 8, 16, 32, 48 ou 64 páginas, número determinado pela quantidade de folhas de papel dobradas em quatro empregadas em sua confecção: uma folha dobrada gera um folheto de oito páginas, duas folhas fazem um de 16, e assim por diante, compondo folhetos com números variados de páginas, mas sempre em múltiplos de oito.

Isso pode parecer bobagem, pois todo livro é composto pelo agrupamento de certa quantidade de folhas (dobradas ou não), mas, na literatura de folhetos, o formato – surgido da necessidade de economizar papel – condiciona uma série de questões relativas à composição dos poemas.

O número de folhas define quanto o poeta poderá escrever, pois o autor não pode ocupar menos ou mais páginas e sim um espaço exato. Os autores de folhetins do século XIX viviam situação parecida com essa, pois publicavam, a cada número do jornal, um capítulo de seu romance, podendo ocupar apenas a parte inferior da folha. Não adiantava estar com muita inspiração naquele dia: era preciso criar uma situação suficientemente interessante para cativar o leitor, mas convenientemente sucinta para não extrapolar o espaço permitido.

FIGURA 6. OBSERVE A DIAGRAMAÇÃO DAS PÁGINAS FEITA DE MODO QUE GARANTA A SEQUÊNCIA DO TEXTO DEPOIS DE O FOLHETO SER MONTADO.

No caso dos folhetos, a coisa é mais complicada, pois eles são sempre escritos em versos. Assim, a delimitação não se restringe à quantidade de páginas, mas condiciona a composição de um número determinado de estrofes. Rodolfo Coelho Cavalcante, um dos grandes autores de folheto, explicava que "em cada página cabem cinco estrofes (sendo em sextilhas). Na primeira, apenas quatro – para que o título da História, do Folheto ou do Romance fique mais destacado, bem como o nome do autor".[4] O texto em que Rodolfo Cavalcante apresenta estas instruções chama-se "Como fazer versos" e traz não apenas considerações sobre temas e formas poéticas, mas trata também – e com igual destaque – de questões de composição formal.

O número de páginas não interfere somente no tamanho dos poemas, mas determina também o gênero dos escritos. Os folhetos de oito páginas são destinados ao tratamento de assuntos do cotidiano, de fatos jornalísticos e à reprodução de desafios e pelejas. Já as histórias de valentia e de esperteza, assim como narrativas de casos amorosos, devem ocupar os folhetos maiores, com 16 ou mais páginas. Essa relação entre tema e número de páginas serve também para dar nome às produções: chama-se de *romance* as narrativas em verso com 16 páginas ou mais e de *folheto* as brochuras de oito páginas em que se reproduzem desafios e ou se relatam fatos do cotidiano. Um autor deve ter conhecimentos suficientes para saber que o relato sobre um acidente rodoviário, por exemplo, deve ter 39 estrofes (quatro na primeira página e 35 ao longo das outras sete páginas) e que um romance nunca terá menos do que 79 estrofes.[5] Agora você entendeu o que a velha senhora queria, quando chegou à loja de Manuel Camilo pedindo um romance.

Você está vendo que a literatura popular não é simples e espontânea, como muitos dizem. Para ser autor de folhetos

---

4 CAVALCANTE, Rodolfo Coelho. Como fazer versos. *Correio Popular*, Campinas, ago. 1982.
5 Há uma pequena flexibilidade nesses limites, aceitando-se a possibilidade de colocar quatro ou cinco estrofes em todas as páginas. Quando o poeta necessita de espaço extra para concluir sua narrativa, utiliza-se também da contracapa para impressão dos versos. Esse expediente não é habitual – o mais comum é reservar a contracapa para propaganda.

não basta ter um jeito especial no manejo das palavras, é preciso associar destreza poética e habilidade comercial – e, em alguns casos, ter domínio das artes tipográficas.

O duplo papel autor/vendedor tem uma outra consequência importante para a produção: o contato com o público. E não se trata daquele encontro virtual entre autor e leitor que toda leitura promove. Aqui pode ocorrer, além desse encontro virtual, um contato concreto, físico. Conversar com leitores-de-carne-e-osso, dia após dia, tentar convencê-los a gastar seu pouco dinheiro em um folheto, permite conhecer suas opiniões, seus modos de ver a vida, suas preferências literárias. O peculiar sistema de comercialização adotado por muitos vendedores permite extrair informações sutis – mas também fundamentais – sobre o gosto do público. Em geral, para atrair compradores, faz-se uma leitura oral (ou uma declamação de memória) do poema, que é interrompida em uma situação de clímax da narrativa, momento no qual o vendedor anuncia que, para saber o final da história, é preciso comprar o folheto... Esse sistema de divulgação é apresentado, por exemplo, no folheto *O monstro de Cabrobó*, logo no início da narrativa:

> Senhores que vão passando
> Me preste bem atenção
> Tenha a bondade de ouvir
> Esta triste narração
> A maior barbaridade
> Naquele alto Sertão
>
> Eu cheguei na estação
> Às 9 horas do dia
> Comecei a ler um folheto
> Agradando a freguesia
> Naquilo chegou um homem
> Por esta forma dizia[6]

---

6   LIMA, José Mestre de. *O monstro de Cabrobó*, s.n.t., p.1.

Cantando o folheto, o vendedor/autor pode acompanhar as reações dos ouvintes a cada passo da história e assim ficar sabendo em que ponto eles ficaram emocionados, acharam graça, assustaram-se ou abandonaram a roda com ar de enfado. Esse conhecimento será de grande utilidade na composição de uma nova história – se o poeta vive da venda dos folhetos, não pode se dar ao luxo de desagradar os compradores. E eles são muito exigentes. Quando estão ouvindo uma leitura oral de folheto, os ouvintes se metem na história, interrompem, fazem comentários e são especialmente críticos quando o poeta fere um dos princípios de composição poética.

Todos, poetas e público, sabem quais são esses princípios: métrica, rima e oração.

A maior parte dos poemas é composta por estrofes de seis versos de sete sílabas métricas, ou, para falar tecnicamente, por sextilhas com versos setissílabos (ou redondilha maior). São comuns também as estrofes com sete versos (septilhas) de sete sílabas.

No final de cada verso é preciso que seja possível fazer uma pausa, sendo malvistos os versos em que é impossível interromper a leitura entre uma linha e outra, ou seja, são malvistos os *enjambements* (para falar tecnicamente mais uma vez). Nós podemos gostar e nos divertir com um poema como "Fanny", de Vasco Graça Moura,[7] mas ele não faria nenhum sucesso entre o público dos folhetos:

fanny, a grande
amiga de minha mãe,
ossuda, esgalgada,
de cabelo escuro e curto,
e filha de uma inglesa,

---

7 MOURA, Vasco Graça. Poemas com pessoas (1997). In: *Poesia 1997/2000*, Lisboa: Quetzal, 2000.

CULTURA LETRADA: LITERATURA E LEITURA

tinha um sentido prático
extraordinário e era
muito emancipada, para
os costumes da foz
daquele tempo.

uma vez, estando
sozinha no cinema, sentiu
a mão do homem a
seu lado deslizar-lhe
pela coxa. prestou-se a isso e

deixou-a estar assim,
com toda a placidez. mas abriu
discretamente a carteira de pelica,
tirou a tesourinha das unhas
e quando a mão no escuro

se imobilizou mais tépida,
apunhalou-a num gesto
seco, enérgico, cirúrgico.
o homem deu um salto
por sobre os assentos e

fugiu num súbito
relincho da
mão furada.
fanny foi sempre
de um grande despacho,

na sua solidão muito
ocupada num escritório. um dia
atirou-se da janela
do quinto andar
e pronto.

Uma das graças do poema é o uso constante de *enjambements*, por isso mesmo, um leitor assíduo de folhetos acharia que está tudo errado.

As regras exigidas para composição de um bom poema não param aí. É preciso também saber fazer boas rimas. Quando se fizerem sextilhas, o segundo, o quarto e o sexto versos deverão rimar, ficando livres os demais. No caso das estrofes de sete versos o esquema é mais complicado: haverá uma rima no segundo, quarto e sétimo versos, e outra no quinto e sexto versos. Assim:

> Conforme li em manchete
> nas colunas dos jor***nais***
> uma senhora doméstica
> vivendo na santa ***paz***
> ficou grávida e de repente
> deu a luz a um Sata***nás***[8]

No caso das septilhas, a rima será:

> Leitores se Deus me der
> um pensamento altan***eiro,***
> pretendo nas rudes páginas
> deste livrinho gross***eiro***
> falar com necessid***ade***
> na grande calamid***ade***
> do Nordeste brasil***eiro***.[9]

Além de haver uma semelhança sonora, como em toda rima, as palavras rimadas devem manter uma relação de sentido. O poeta Expedito Sebastião da Silva me contou, uma vez, quais cuidados se deve ter para fazer uma rima:

> Não se pode falar de uma menina perdida na Paraíba e depois colocar o Japão só para rimar e voltar a falar na menina. Se a rima e métrica forem bem feitas a gente decora fácil e dá gosto. Se estiver difícil de decorar pode ver que o folheto está malfeito.[10]

---

8 SOARES, José. *A mulher que deu a luz a um satanás.* s.n.t. p.1.
9 SILVA, José Bernardo da. *Os horrores do Nordeste*, Juazeiro, 2 ago. 1942.
10 Essa entrevista está no meu livro *Histórias de cordéis e folhetos* (Campinas: Mercado de Letras/ALB, 1999), no qual a poética dos folhetos é explicada com mais detalhes.

CULTURA LETRADA: LITERATURA E LEITURA

Do ponto de vista dos autores de folhetos, versos de um samba-enredo como este têm problemas:

Vou mostrar
A grande estrela
Hoje em forma de aquarela
Cintilante e tão bela
De energia sem igual
É dia e noite sem parar
Com encantos e magias (vou mostrar)
Vejam quanta alegria
Tem a lua como par
Ele é o sol brilhando na Sapucaí
Divina luz trazendo tantas emoções[11]

Em um samba-enredo isso não é visto como um defeito, pois interessam mais o ritmo, a música, as possibilidades abertas pela letra para criação de alegorias e fantasias. Mas, segundo a poética dos folhetos, haveria motivos para críticas, pois a palavra *aquarela*, por exemplo, está aí só para rimar com *bela*; assim como *magia* entrou apenas para rimar com *alegria*, sem que os versos tenham uma relação semântica. No caso dos folhetos, isso é um problema, pois não apenas fere o princípio pelo qual as rimas devem ser compostas, mas também prejudica a *oração*.

Os poetas chamam de oração aquilo que os eruditos chamam de cocrência e coesão, ou seja, a articulação dos fatos, opiniões e ideias tanto do ponto de vista lógico quanto da articulação textual. O poeta Silvino Pirauá de Lima explica melhor:

> É preciso um roteiro de história desembaraçada e que tenha muitos episódios. Desembaraçado é quando não tem muita complicação

---

11 Serginho do Porto, André Fullgaz, Pituca e Sérgio Saracutaco, "A grande estrela – O Sol", samba-enredo da Escola de Samba Difícil é o Nome, 1995.

nos episódios, quando um não confunde com o outro, divididos. Então se forma a história bonita.[12]

Para compor uma "história desembaraçada", é bom evitar o acúmulo de personagens e de tramas, por isso não é aconselhável desenvolver enredos paralelos nem contar com personagens secundários. Pela mesma razão, não se devem fazer muitas descrições, seja de ambientes ou de pessoas, nem deixar que o narrador se intrometa demais na história. Qualquer elemento que possa desviar a atenção do fluxo central da ação será excluído para que se possa compor uma narrativa que apresente, de forma articulada, o desdobramento de uma questão central, respeitando, dessa forma, a oração.

Obedecer a esses princípios, entretanto, não produz uma "história bonita". O valor do poeta está na habilidade com que maneja essas regras, na destreza com que compõe e recompõe versos e narrativas calcadas em estruturas tradicionais. O poeta Manoel de Almeida Filho explica que:

> o bom folheto é o de qualquer classe quando bem rimado, bem metrificado, bem orado. Um folheto ruim é quando realmente se lê e não se entende, mal versado, mal rimado, mal orado, não tem oração. Esse para mim é que é o ruim.[13]

Beleza e compreensão: essas são as regras de um bom poema. Manuel de Almeida Filho continua:

> o folheto tem esta doçura do verso. E o povo nordestino se acostumou a ler o verso. Então o livro em prosa mesmo, ele não gosta e nem gosta do jornal, a notícia do jornal. Ele não entende. Porque está acostumado a ler rimado, a ler versado. Aquela notícia não é boa para ele, o folheto sim, porque o folheto ele lê cantando.

---

12 Em entrevista a Mauro W. Barbosa de Almeida. *Folhetos (a literatura de cordel no Nordeste brasileiro)*. Dissertação (Mestrado) Departamento de Ciências Sociais da Faculdade de Filosofia, Letras e Ciências Humanas da Universidade de São Paulo, 1979.

13 Em entrevista a Mauro W. Barbosa de Almeida.

Para que se compreendam as notícias e para que se admirem as histórias é preciso que elas sejam rimadas e versadas. Por isso, um dos tipos de folhetos mais comuns é o que apresenta fatos do noticiário como *História de FHC e o apagão*, de Jesus Rodrigues Sindeaux, ou *A grande vitória de Lula, o Brasil sem medo de ser feliz*, de Antônio Klévisson Viana. Não apenas as notícias são transformadas em versos; os poetas fazem o mesmo com filmes, telenovelas, peças teatrais e romances eruditos. Existem, por exemplo, folhetos que recontam *Iracema*, de José de Alencar; *A escrava Isaura*, de Bernardo Guimarães; *Amor de perdição*, de Camilo Castelo Branco; *O conde de Monte Cristo*, de Alexandre Dumas; *Romeu e Julieta*, de William Shakespeare.

Os enredos narrados nessas histórias despertaram interesse, mas foram modificados para se acomodarem às convenções poéticas dos folhetos, a fim de que se tornassem, realmente, histórias bonitas. A alteração mais evidente é a passagem da prosa para o verso e o drástico corte de tudo o que for acessório, de modo que faça que centenas de páginas caibam em algumas dezenas de estrofes.

Algumas vezes, modificações mais fortes têm de ser feitas. Apesar de os poetas selecionarem obras próximas ao padrão de composição dos *romances de cordel*, em certos casos, passagens do enredo ou o comportamento de algumas personagens parecem totalmente inadequados. A versao de *O corcunda de Notre Dame*,[14] por exemplo, modifica radicalmente o final imaginado por Victor Hugo, fazendo que Phebo e Esmeralda terminem felizes e casados, ao contrário do que ocorre no romance francês, em que ela morre enforcada e ele casa-se com outra. Nos folhetos de cordel, jovens apaixonados e virtuosos são felizes para sempre no final da história – e é assim que o mundo deveria ser, não é?

---

14 ARAGÃO, Paulo de. *O corcunda de Notre Dame*, Recife: s.n. s.d.

Outros autores preferem ser fiéis ao enredo, ainda que discordem dele. Foi o que fez João Martins de Athayde ao recontar a história de Romeu e Julieta:[15]

Quem possui este romance
conhece bem o que leu,
a esposa de Montéquio
em que condições morreu
também conhece a miséria,
e covardia de Romeu.

Romeu um moço valente
segundo a biografia,
seu pai o chamou e disse
os desgostos que sofria
Romeu jurou vingá-lo
naquele ou no outro dia.

...

Nas condições que ele estava
não tinha mais um rodeio
era vingar-se de tudo
fingindo como um passeio
não tinha o que perguntar
quem é bonito nem feio

Mas ele não fez assim
depois que se achou na sala
viu Julieta dançando
fez tudo para namorá-la
inda sendo ela uma deusa
ele devera odiá-la

Romeu foi falso a seu pai
por isso teve castigo
como faltou-lhe a coragem

---

15 ATHAYDE, João Martins de. *Romeu e Julieta*. Juazeiro: Editor Proprietário Filhas de José Bernardo da Silva, 1975.

para enfrentar o perigo
casou-se com a própria filha
do seu fatal inimigo

...

Tanto um como o outro
tiveram um fim desastrado
embora tenham morrido
um ao outro abraçado
Julieta assassinou-se
e Romeu envenenado

Há, entre Shakespeare e Athayde, uma discordância quanto ao comportamento ideal de um herói. Os poetas de cordel têm a honra e a vingança – sobretudo a vingança por ofensa familiar – como valores supremos, superiores até mesmo ao amor. E esses valores devem ser encarnados pelo herói, que é, ao mesmo tempo, expressão de um ideal e modelo de conduta. Se Romeu é "um moço valente, segundo a biografia" e sua família foi ultrajada, não há possibilidade de que ele não se vingue. Não interessa se Julieta era bonita ou feia, ainda que ela fosse uma deusa, ele deveria odiá-la. O final trágico é, portanto, um merecido castigo e não uma infeliz fatalidade. No final do folheto, o narrador explicita sua desaprovação:

Quem odeia a covardia
tem de dizer como eu
como o rapaz não vingou-se
de tudo o que o pai sofreu
eu escrevi mas não gosto
do romance do Romeu.

Embora Athayde narre fielmente o enredo original, conclui seu folheto confrontando seus critérios de avaliação de narrativas com a trama shakespeareana. Romeu não é honrado, não age como se a vingança por ofensa familiar fosse sagrada. Como a narrativa não segue os padrões esperados, a história parece mal construída, não agradando ao poeta – e, muito provavelmente, a seu público –, que conclui: "escrevi mas não gosto / do romance do Romeu".

Situação semelhante a essa foi vivida pela antropóloga Laura Bohannan em um de seus contatos com os Tiv, povo da África Ocidental.[16] Vivendo nas províncias do Norte da Nigéria, os Tiv são um povo agrícola, que depende do cultivo da terra e da criação de cabras, ovelhas e galinhas para sua sobrevivência.

Até a dominação inglesa, viviam sem divisões, sem chefes nem conselhos. A liderança era baseada na idade e na influência. A administração inglesa mudou não apenas o sistema de organização, mas também a forma de casamento tradicional, que consistia na troca de irmãs. Quando um homem queria se casar, ele oferecia sua irmã em troca da de um outro homem, tornando-as, respectivamente, suas esposas. Isso gerava muita confusão, pois a troca nem sempre agradava a ambos os homens. Por isso, essa forma de casamento convivia com outras: captura, fuga, compra, dote.[17]

Já se vê que é uma sociedade muito diferente da nossa. Laura Bohannan já sabia de todas essas diferenças, mas espantou-se ao perceber quão distintas das nossas podiam ser as interpretações dos Tiv de uma história que nós conhecemos como *um clássico da literatura universal*.

Em sua viagem de campo, ela tinha levado consigo um exemplar de *Hamlet*, de Shakespeare, que lia continuamente devido ao isolamento e inatividade forçados pela época das chuvas. Um dia, um dos homens velhos da aldeia pediu-lhe

---

16 BOHANNAN, Laura. Shakespeare in the bush. *Natural History*, n.75, ago.-set. 1966, p.28-33. O texto integral em inglês está reproduzido em www.lis.uiuc.edu/ ~chip/teach/resources/bohannan.hmtl

17 Society-TIV. Culture summary by Marlene M. Martin. http://lucy.ukc.ac.uk/ EthnoAtlas/Hmar?Cult_dir/Culture.7874

que contasse o que havia naquele papel para o qual ela olhava durante tanto tempo. Ela tentou escapar, pois sabia que, para eles, narrar histórias era uma arte. Os Tiv eram muito exigentes a respeito das narrativas e verbalizavam enfaticamente suas críticas quando alguém cometia algum erro ao narrar. Ela só aceitou contar *Hamlet* quando eles prometeram que não criticariam seu modo de contar histórias, mas teve de concordar em explicar o que eles não entendessem, "como fazemos com você, quando contamos nossas histórias", disse um dos anciões. Mal sabia ela no que estava se metendo quando fez esse acordo.

Tentando mimetizar a maneira como eles narravam, ela começou.[18]

> – Não foi ontem, não foi ontem, este fato aconteceu há muito tempo. Uma noite, três homens estavam de vigia fora da cidadela de um grande chefe, quando subitamente viram seu antigo chefe se aproximar.
> – Por que ele não era mais chefe?
> – Ele estava morto – expliquei –, por isso eles ficaram tão perturbados quando o viram.
> – Impossível – disse um dos anciões, passando seu cachimbo para um vizinho, que o interrompeu. – É claro que não era o chefe morto. Era um agouro enviado por um feiticeiro. Continue.

Um pouco desconcertada, ela tentou continuar, explicando que um dos três homens, chamado Horácio, dirigiu-se ao chefe morto, perguntando o que era necessário para que ele pudesse descansar em paz. O chefe não respondeu e,

---

18 Se você não leu *Hamlet* ou se não conhece a história, vá a uma biblioteca e leia uma das várias edições disponíveis da peça. Ou consulte a Internet. Há centenas de *sites* com o texto integral em inglês. Em português, também há alguns. Veja, por exemplo, www2.uol.com.br/cultvox (clique em "e-livros grátis" e depois em "literatura inglesa"). Para saber a história você também pode assistir a um dos muitos filmes baseados na peça. Sem conhecer a trama, as interpretações oferecidas pelos Tiv perdem parte do sabor.

por isso, Horácio percebeu que apenas Hamlet, o filho do chefe morto, poderia resolver a situação. Nova discussão se instalou, pois muitos acharam um erro envolver o filho nisso: mais sensato seria contar com o irmão do finado chefe. Agouros, diziam, eram assunto para chefes e anciões e não para jovens. Ela tentou objetar, dizendo que Cláudio, o irmão do chefe, não era confiável, pois havia se casado com Gertrudes, a viúva do irmão, apenas um mês após os funerais. Para desespero da antropóloga, os anciões acharam essa atitude muito sensata:

> – Fez muito bem – disse o velho, sorrindo com satisfação e dirigindo-se aos demais. – Eu lhes disse que se soubéssemos mais a respeito dos europeus descobriríamos que eles são muito parecidos conosco. Em nosso país – disse olhando para mim – o irmão mais moço também se casa com a viúva do mais velho, tornando-se o pai de seus filhos. Se o tio casado com sua mãe for irmão de seu pai por parte de pai e de mãe, então ele será um verdadeiro pai para você. O pai e o tio de Hamlet eram filhos da mesma mãe?

Cada vez mais desconcertada, ela disse que não sabia se eles eram filhos dos mesmos pais, já que a história nada dizia sobre isso. Todos ficaram muito desapontados, pois, segundo eles, os detalhes genealógicos fazem toda a diferença em uma história. Complacente, o ancião sugeriu que ela buscasse se informar melhor quando voltasse para sua casa. Perturbada com a ideia de que para os Tiv o comportamento de Cláudio e Gertrudes parecia absolutamente adequado, decidiu ir direto ao diálogo travado entre Hamlet e seu pai morto. Novas dificuldades surgiram, pois eles achavam impossível um morto falar. Os Tiv, ao contrário das tribos vizinhas, não acreditavam na sobrevivência de nenhuma parte individualizada da pessoa depois da morte. Ela tentou explicar que ele era um fantasma e que, sim, fantasmas falam. Depois de alguma reflexão, os anciões acharam que tinham entendido: tratava-se de um zumbi, um cadáver que os feiticeiros tinham reanimado para sacrificar e comer. Como ela insistisse em dizer que não se tratava de um zumbi, e sim de um fantasma que podia falar e andar, conseguiu apenas aumentar a desconfiança de seus ouvintes.

O velho sufocou os murmúrios de descrença que imediatamente se fizeram ouvir, e me disse, naquele tom insincero e cortês usado para concordar com as extravagâncias dos jovens, dos ignorantes e dos supersticiosos:
– Não resta dúvida de que em seu país os mortos podem andar sem serem zumbis.

A narração prosseguia com dificuldades, pois a cada passo havia uma desavença, a cada lance uma interpretação divergente. É possível imaginar a confusão que foi contar o envolvimento afetivo de Hamlet com Ofélia, a objeção de seu pai, os devaneios de Hamlet, a morte de Polônio e de Ofélia. As objeções eram tantas que a antropóloga ameaçou:

– Se vocês não gostam da história, vou parar.
O velho emitiu grunhidos apaziguadores, e ele mesmo me serviu de mais cerveja.
– Você conta bem a história e nós estamos ouvindo. Mas é claro que os anciões de seu país nunca lhe disseram o que essa história realmente significa. Não, não me interrompa! Acreditamos em você quando diz que seus costumes matrimoniais são diferentes, que suas roupas e armas são diferentes. Mas as pessoas são as mesmas em toda parte; portanto existem sempre feiticeiros, e somos nós, os anciões, que sabemos como eles trabalham. ...
– Ouça – disse o ancião –, vou lhe contar o que aconteceu, e como a história continua, e então você dirá se estou certo. Polônio sabia que seu filho ia se meter em encrencas, como de fato aconteceu. Ele precisava pagar muitas multas por causa de brigas, e tinha dívidas de jogo. Mas ele só tinha dois meios de conseguir o dinheiro rapidamente. Um deles seria casar a irmã imediatamente, mas era difícil encontrar um homem que quisesse desposar a mulher desejada pelo filho do chefe. Pois se o herdeiro do chefe cometer adultério com sua mulher, o que é que você pode fazer? Só um tolo faria queixa

do homem que um dia será seu juiz. Portanto, só lhe restava a segunda opção: matar a irmã com feitiçaria, afogando-a, para depois poder vender secretamente seu corpo aos feiticeiros.

– Mas o corpo foi encontrado e enterrado – objetei. – Na verdade Laerte entrou dentro do túmulo para ver sua irmã uma vez mais – assim, veja, o corpo realmente estava lá. Hamlet, que acabara de regressar, entrou atrás dele.

– O que foi que eu disse? – O velho apelou para os outros: – Laerte não tinha boas intenções com o corpo da irmã. Hamlet o impediu de vendê-lo, pois o herdeiro do chefe, tanto quanto o chefe, não quer que nenhum outro homem se torne rico e poderoso. Laerte deve ter ficado furioso por ter matado sua irmã sem obter qualquer proveito. Em nosso país ele tentaria matar Hamlet por causa disso. Não foi o que aconteceu?

– Mais ou menos – admiti. – Quando o grande chefe soube que Hamlet ainda estava vivo, incentivou Laerte a tentar matá-lo, e arranjou uma luta de facão entre eles. Nessa luta, os dois jovens se feriram mortalmente. A mãe de Hamlet bebeu a cerveja envenenada que o chefe preparara para Hamlet, caso ele vencesse a luta. Ao ver sua mãe morrer envenenada, Hamlet, num último esforço, matou o irmão de seu pai com o facão.

– Vejam como eu tinha razão! – exclamou o ancião.

– Foi uma história muito boa, acrescentou o velho –, e você nos contou cometendo apenas alguns enganos. Há somente mais um erro, bem no final. O veneno que a mãe de Hamlet bebeu era obviamente destinado ao sobrevivente da luta, quem quer que fosse ele. Se Laerte vencesse seria envenenado pelo grande chefe, para que ninguém ficasse sabendo que ele planejara a morte de Hamlet. Também para não precisar temer o poder de Laerte como feiticeiro; é preciso ter um coração muito duro para matar a própria irmã com feitiçaria.

– De vez em quando – concluiu o velho, envolvendo-se em sua toga rasgada – você precisa nos contar outras histórias de seu país. Nós, que somos mais velhos, podemos esclarecê-la sobre o verdadeiro significado das histórias, de modo que, quando você voltar para sua terra, os anciões de lá verão que você não ficou à toa na selva, mas ficou com gente que sabe das coisas e lhe transmitiu sabedoria.

Se você leu *Hamlet*, percebeu que as interpretações dos anciões sobre o sentido da peça nos parecem muito, muito estranhas. Mas há algo familiar em sua ideia de que no mundo tudo é igual e que só há um sentido para as coisas – "se soubéssemos mais a respeito dos europeus descobriríamos que eles são muito parecidos conosco". Nós percebemos que os europeus não são nada parecidos com os Tiv, mas também temos o costume de pensar que "as pessoas são as mesmas em toda parte", ou seja, que todos agem e pensam como nós agimos e pensamos.

FIGURA 7. OS TIV FEREM A PELE ATÉ CONSEGUIR CICATRIZES COM TRAÇADO GEOMÉTRICO. ISSO TORNA UMA PESSOA BONITA.

Durante séculos leitores e espectadores ocidentais emocionaram-se com as situações vividas pelos personagens de Shakespeare, identificaram-se com o amor dos jovens, sofreram com as pressões sociais e familiares, choraram com a morte dos protagonistas. Mas os Tiv, assim como o poeta nordestino João Martins de Athayde, reagem de forma distinta.

Para o poeta nordestino – e para seus leitores – a honra familiar e a vingança são os valores supremos e, portanto, Romeu não passa de um covarde, tendo merecido justa punição. Para os Tiv tudo não passa de feitiçaria.

A ideia final do ancião de que eles poderiam esclarecer a antropóloga sobre "o verdadeiro significado das histórias" europeias, pois eles são "gente que sabe das coisas" e que detém a verdadeira sabedoria", parece muito exótica. Como poderiam eles saber que sentido têm as nossas histórias? Parece estranho porque é um africano falando de narrativas europeias, mas quantas vezes os críticos e professores não fazem isso? Quantas vezes não afirmam que valores estéticos diferentes não são apenas diferentes, são errados?

A apreciação estética não é universal: ela depende da inserção cultural dos sujeitos. Uma mesma obra é lida, avaliada e investida de significações variadas por diferentes grupos culturais.

Se avaliarmos *Hamlet* com os padrões africanos, a tragédia parecerá um completo *nonsense*. Da mesma forma, se um poema moderno, um samba-enredo ou uma tragédia forem julgados com os critérios próprios à poética dos folhetos parecerão malfeitos e esteticamente ruins. Mas a convenção dos folhetos não serve para avaliar outra coisa que não os folhetos. Há maus folhetos e bons folhetos, há poetas excelentes e poetas medíocres, mas os autores de folhetos jamais pensariam em hierarquizar as composições poéticas do mundo, segundo esses parâmetros.

Nem todos, infelizmente, têm a mesma sensatez. Na maior parte do tempo, o gosto estético erudito é utilizado para avaliar o conjunto das produções, decidindo, dessa forma, o que merece ser *Literatura* e o que deve ser apenas *popular, marginal, trivial, comercial.*

4 "A Literatura é forma de humanização do sujeito" – quando os leitores se contam aos milhares

Uma das definições frequentes de Literatura (lembra do L maiúsculo?) afirma que ela é um meio de aprimoramento das pessoas. Para quem adota esse ponto de vista, a literatura nos transforma em pessoas melhores, pois ao ler ficamos sabendo como é estar na pele de gente que leva uma vida muito diferente da nossa, passando por situações inusitadas. As obras literárias conduzem à identificação com personagens e cenas fazendo que, ao final da leitura, sejamos pessoas mais experientes, mais sensatas, mais justas. Como, em geral, os leitores são levados a se identificar com personagens fracos, sofredores ou perseguidos, a experiência da leitura literária nos torna mais humanos, desenvolvendo nossa solidariedade, nossa capacidade de admitir a existência de outros pontos de vista além do nosso, nosso discernimento acerca da realidade social e humana.

A definição de Literatura como conjunto de textos capazes de tornar as pessoas melhores, em geral, associa-se a uma crítica à cultura de massa, que, em vez de humanizar, alienaria, ao nos fazer esquecer dos problemas do cotidiano, fugindo deles por meio do sonho e da fantasia. Desse ponto de vista, os textos produzidos pela indústria cultural levam ao conformismo, colocando o leitor em contato com personagens idealizados envolvidos em situações irreais ou com falsos problemas que se resolvem magicamente. Saímos da leitura de um desses textos da mesma forma como entramos, pois eles não nos forçam a pensar, limitando-se a "re-afirmar" nossas crenças e a nos fazer acreditar na solução exterior dos problemas. Essas histórias são uma válvula de escape para as frustrações do dia-a-dia, levando o leitor para um lugar onde todas as suas expectativas se cumprem sem que ele deva fazer nenhum esforço para isso.

Para quem vê assim, a literatura de massa – romances policiais, de aventura, sentimentais, faroeste, histórias em quadrinho, fotonovelas etc. – é fruto de uma combinação incessante dos mesmos lugares-comuns: personagens sem nenhuma densidade psicológica, situações previsíveis ordenadas de maneira já conhecida, repetição constante das mesmas fórmulas de estruturação do enredo, linguagem simples e sem nenhuma dificuldade aparente. Tudo isso com o objetivo de evitar que o leitor se questione e questione o mundo em que vive, sentindo prazer em "re-encontrar" o que é confortavelmente bem conhecido.

Assim, a melhor forma de escapar às armadilhas da alienação e à padronização do mundo contemporâneo, a melhor maneira de manter a consciência das injustiças e da necessidade de combatê-las é a leitura constante de obras da Grande Literatura, pois elas forçam a uma reflexão sobre a realidade e permitem que o leitor enxergue melhor o mundo em que vive, incorporando a experiência vivida no contato com o texto às suas próprias experiências pessoais.

Desse ponto de vista, a Literatura promove o aprimoramento da intelectualidade, o desenvolvimento de um sentido ético e um olhar mais aguçado sobre a realidade – seja a que cerca o leitor, seja a conhecida por meio dos livros.

CULTURA LETRADA: LITERATURA E LEITURA

Um rude golpe foi dado nessa forma de ver a Literatura quando se percebeu que há algumas pessoas efetivamente cultas e leitoras, "mas isso não as impedia de praticar atividades como supervisionar o assassinato de judeus na Europa central", como disse o crítico inglês Terry Eagleton:

> quando as tropas aliadas chegaram aos campos de concentração para prender comandantes que haviam passado suas horas de lazer com um volume de Goethe, tornou-se clara a necessidade de explicações. Se a leitura de obras literárias realmente tornava os homens melhores, então isso não ocorria da maneira direta imaginada pelos mais eufóricos partidários dessa teoria.[1]

Uma definição de Literatura como fonte de humanização não se sustenta diante do fato de que há gente muito boa que nunca leu um livro e gente péssima que vive de livro na mão.

Menos grave, mas também importante é o fato de que a transformação e humanização dos sujeitos podem ocorrer – e frequentemente ocorrem – quando se lê um *best-seller*. Ou seja, essa definição também não se sustenta já que, por meio dela, não se pode diferenciar a *Grande Literatura* das literaturas.

O antropólogo Pablo Semán fez uma pesquisa em que entrevistou grande número de leitores de Paulo Coelho, em diferentes países, e percebeu que as leituras de seus livros são as mais diversas – o que não é de estranhar, pois ele tem *milhões* de leitores de várias idades, várias nacionalidades, vários níveis de instrução, vários problemas.[2]

---

1 EAGLETON, Terry. *Teoria da literatura*: uma introdução. São Paulo: Martins Fontes, 2001, p.47-8.
2 SEMÁN, Pablo. Notas sobre a pulsação entre Pentecostes e Babel – o caso de Paulo Coelho e seus leitores. *In*: VELHO, Otávio (org.). *Circuitos infinitos –* comparações e religiões no Brasil, Argentina, Portugal, França e Grã-Bretanha. São Paulo: CNPq/Pronex/Attar Editorial, 2003. Também sobre leituras de Paulo Coelho há a dissertação de mestrado de Richard Romancini. *Apropriações de Paulo Coelho por usuários de uma biblioteca pública.* (Escola de Comunicações e Artes, USP: 2002.)

Para quem pensa que só gente ignorante lê esse tipo de obra, a pesquisa mostrou que 76,6% dos leitores de Paulo Coelho entrevistados na Feira do Livro em Buenos Aires tinha nível universitário completo ou incompleto, enquanto 66% dos entrevistados na Bienal do Livro do Rio de Janeiro tiveram acesso à educação superior.

Dentre todos esses leitores, o antropólogo escolheu três para acompanhar: Graciela, Edílson e Giulia. Eles são bastante diferentes. Graciela é argentina, bibliotecária e leu Paulo Coelho pela primeira vez por indicação de um livreiro de sua confiança. Edílson é brasileiro, vive na favela da Rocinha no Rio de Janeiro e começou a ler Paulo Coelho por recomendação de um amigo que achava *O Alquimista* excelente. Giulia é italiana, estudante de medicina e conheceu Paulo Coelho por intermédio de *Monte Cinco*.

Nas bibliotecas de Graciela e Giulia as obras de Paulo Coelho convivem com centenas de outros livros. Graciela os coloca na mesma prateleira em que estão Freud, Platão, Erasmo de Rotterdam, Trigueirinho e Deepak Chopra, pois são todos, segundo ela, "filosofia". Na biblioteca de Giulia, constituída por livros acumulados por seus pais e avós, ele convive com gente de melhor estirpe ainda: "de Proust a Tolstoi, de Shakespeare a William Blake, de Agatha Christie a Karen Blixen, de Isabel Allende a Pennac, passando por Joyce, Hesse, Kafka e, naturalmente, as obras dos grandes escritores e poetas italianos". Ambas fazem, portanto, uma valorização positiva de livros que os críticos considerariam como "menores". A biblioteca de Edílson conta com pouco mais de uma dezena de livros: uns volumes de coleções vendidas em bancas de jornal, uns livros da Igreja católica e uns manuais didáticos do tempo da escola.

Eles são muito diferentes, mas todos têm certeza de que os livros de Paulo Coelho são excelentes. Contrariando os críticos para quem os *best-sellers* não têm valor estético e pro-

CULTURA LETRADA: LITERATURA E LEITURA

vocam uma leitura de alienação, os três garantem que "a leitura de Coelho é, antes de mais nada, a experiência de desfrutar da narrativa, mas, além disso, é uma experiência de construir e resolver formas específicas de aflição". Edílson, por exemplo, faz o oposto do que se imaginaria que um leitor de *best-sellers* faz, pois ele lê por *não* acreditar em atitudes de espera passiva por soluções. A leitura de Paulo Coelho o fez "acordar, ser consciente, usar minha cabeça". Graciela insere os livros em uma reflexão sobre espiritualidade e sobre o sentido da vida, lendo-os lado a lado com obras que ela considera filosóficas. Giulia lê os escritos de Paulo Coelho, observando os desenhos dos personagens, da trama e o sentido da "mensagem" neles contida e vê semelhanças entre eles e livros eruditos como *O finado Matia Pascal* de Pirandello. Eles lêem para agir, para pensar e para fruir.

Para quem acredita que somente a *Grande Literatura* é capaz de provocar a reflexão e o autoaprimoramento esses três leitores (e outros milhares que nunca foram pesquisados) devem ser um problema... Assim como são um problema para quem acredita que a educação formal deveria difundir as hierarquias literárias e o gosto literário culto. Mesmo quem esteve na escola por muito tempo, mesmo quem foi à escola na Europa, mesmo quem lê a *Grande Literatura*, aprecia *best-sellers* e faz deles leituras instigantes:

> Os leitores de Coelho, independentemente do país a que pertençam, tendem a percebê-lo e classificá-lo mais como um narrador e um romancista do que como um autor religioso ou de autoajuda. Editores, analistas e críticos (respectiva e sucessivamente) o classificam como escritor de autoajuda, expressão da Nova Era ou qualquer forma de literatura menor, enquanto os leitores, no nível mais geral, o identificam como literatura, no mesmo sentido em que se aplica esse termo aos livros de García Marquez e Borges, assim como ao *Pequeno Príncipe* e à literatura que, com variações nacionais, acompanha a adolescência.

MÁRCIA ABREU

Assim como os leitores entrevistados por Pablo Séman, leitoras de romances sentimentais vendidos em bancas de jornal identificam esses textos como literatura (sem adjetivos). A pesquisadora Andrea Jessica Borges Monzón[3] entrevistou leitoras desses romances – séries como *Sabrina, Júlia, Bianca, Momentos Íntimos* etc. Entre as entrevistadas estava uma leitora assídua da série *Sabrina*, que tinha constituído critérios de avaliação de obras literárias a partir de suas leituras. Para ela, as histórias narradas em *Sabrina* tinham excelentes qualidades, como a capacidade do narrador de envolver o leitor, a linearidade da ação, a possibilidade de evasão, o interesse das tramas. Cursando escola noturna de ensino médio, conhecia também os autores consagrados e os avaliava segundo os mesmos critérios. Para ela, Machado de Assis pecava por ser muito descritivo, por não saber estruturar uma história envolvente, indo e vindo ao mesmo assunto. Na comparação entre os dois tipos de texto ficcional, não há dúvidas sobre o mais interessante:

> você não aguenta ler um capítulo inteiro [de Machado de Assis] e você já começa a olhar meio assim: "acho que eu vou na esquina tomar um sorvete", e você larga o livro. E você pega *Sabrina*, e se é uma história que te interessa você se envolve, você não sai dali enquanto não termina, quer dizer, em um dia você termina o livro todo, às vezes em algumas horas. Você quer ver o final e não cansa.

Ela utiliza critérios próprios à crítica literária – construção de personagens, estruturação do enredo, linguagem, desempenho do narrador –, mas chega a conclusões distintas daquelas que a escola e a teoria literária gostariam de encontrar.

Mas a crítica erudita, em geral, não se interessa por leituras como a feita por essa jovem ou pelos leitores de Paulo Coelho, insistindo em caracterizar a leitura de *best-sellers*

---

3 Projeto de Pesquisa: "Indústria cultural e leitura", desenvolvido em nível de Iniciação Científica sob minha orientação entre 1995 e 1997. Financiado pelo CNPq.

CULTURA LETRADA: LITERATURA E LEITURA

como escapismo, reiteração, alienação. Essa imagem de leitor de *best-seller* é retratada com perfeição no filme *Louca obsessão*, dirigido por Rob Reiner, em 1990.

Se você ainda não assistiu ao filme, pare a leitura aqui e vá assistir, pois vou contar a história!

Baseado no livro *Misery*, de Stephen King, o filme narra o encontro entre Paul Sheldon, um escritor de sucesso, com Annie Wilkes, sua fã número 1. O nome do escritor, ao aludir ao bem-sucedido autor de *best-sellers* Sidney Sheldon, faz dele uma espécie de síntese dos autores comerciais – ainda que um se chame Paul e o outro Sidney, em inglês ambos são tratados por Mr. Sheldon.

Ele nunca foi reconhecido pela crítica, mas ganhou muito dinheiro escrevendo a série de romances *Misery*. Depois de oito livros contando as aventuras (e, principalmente, as desventuras) da personagem Misery, deseja tornar-se um escritor "sério", pois ele mesmo considera que seus romances não são literatura: "eu era um escritor quando comecei a escrever, não sou desde que começou Misery", diz Sheldon. Ele acredita que a pressão editorial pelo cumprimento da fórmula de sucesso, aliada ao retorno financeiro obtido com a série, está impossibilitando a "criação". Por isso decide pôr fim à série, escrevendo um último episódio em que Misery morre.

Concluído o livro, viaja para o hotel onde escreve todas as suas obras, não mais para produzir romances sentimentais e sim para dar início a uma carreira de autor culto, escrevendo para satisfação própria e não para o público. Ainda que busque essa nova identidade, ele mantém o modo de produção anterior: escreve incessantemente e sem revisar. Quando datilografa a última linha, encerra o trabalho e retira a folha da máquina de escrever (sim! houve um tempo em que havia *máquinas de escrever!*); seu livro "sério" está pronto.

A escrita o absorve de tal forma que ele nem sequer percebe que uma nevasca está se formando, de modo que, ao terminar o livro, pega seu carro para voltar para casa. A tempestade o pega no meio do caminho, seu carro perde controle e ele sofre um acidente, ficando inconsciente no meio da neve.

Escritores de sucesso sempre podem contar com seus fiéis leitores, mesmo nos piores momentos. Annie Wilkes sabe tudo sobre sua vida, acompanhando cada lance pelas revistas e jornais que coleciona. Por isso, conhece seus hábitos e vigia o hotel onde se hospeda. Percebendo que ele terminara o livro, segue-o na estrada e o resgata quando vê o acidente. Sabendo que o escritor é supersticioso e não faz cópias de seus textos, resgata também o original datilografado que ele acabara de concluir.

Ela tinha sido enfermeira e cuida de suas várias lesões. Quando ele recobra a consciência, dois dias depois, ela se apresenta como sua fã número 1: ele é "o maior autor do mundo" e os livros da série *Misery* são "como poesia", "incríveis", "perfeitos".

Da mesma forma que Mr. Sheldon é a síntese do que se pensa sobre os escritores "comerciais", ela sintetiza a imagem estereotipada da leitora de *best-sellers*. Sua vida é infeliz e a escapatória são os livros. Ela conta para o autor como foi seu contato com a série:

> Quando meu marido me deixou foi difícil, achei que ficaria louca, resolvi mergulhar no trabalho. As noites são solitárias num hospital. Lia bastante. Foi quando descobri Misery. Ela me fez tão feliz. Fez-me esquecer todos os problemas. É claro que você tem parte nisso. Lia várias vezes. Faltavam dois capítulos e eu sabia que logo voltaria à página 1 de novo.

Agradecido e lisonjeado, Sheldon permite-lhe que seja a primeira leitora de sua nova e erudita obra, que ela resgatou do ocidente. A partir daí as coisas já não correm tão bem, pois ela não encontra o que esperava: o novo livro trata da "realidade", tem "palavrões", "não tem nobreza". A "profanidade" a incomoda. Ele explica seu objetivo – retratar o mundo real – e justifica os palavrões dizendo que "as crianças pobres falam assim". Frustrada em suas expectativas, ela começa a demonstrar sua agressividade e tem seu primeiro surto de violência. Descontrolada, obriga-o a queimar o novo livro, exigindo-lhe que fique preso à fórmula que o consagrou.

Se os intelectuais dizem que os autores comerciais são forçados a cumprir todas as expectativas de seus leitores para seguir vendendo, no filme a situação é tornada concreta, pois o autor é literalmente refém da leitora, preso a uma cama sem poder sair. O controle exercido pelos leitores, aqui, não é uma metáfora. Ele não consegue escapar do quarto em que ela o mantém. Quando ela percebe que ele tentou fugir, amarra o escritor na cama e quebra suas duas pernas com uma marreta. A doce leitora de antes torna-se cruel e exigente.

Tudo piora quando chega à cidade o último livro da série *Misery*, aquele em que Sheldon mata a protagonista para poder pôr fim à publicação. Sem saber de nada, Annie compra o livro e o lê ansiosa e rapidamente. Durante a leitura, seu humor melhora, pois ela acha o livro "divino", apenas comparável à Capela Sistina. Novo elemento é acrescido à caracterização pejorativa da leitora: a superficialidade de sua cultura. Seus parâmetros de avaliação da excelência estética são a Capela Sistina – não porque ela tivesse estado lá, mas por tê-la visto reproduzida em revistas e publicidades –, os discos de Liberace, os enlatados de TV e os romances de Paul Sheldon.

Quando toma conhecimento da morte da protagonista, fica enfurecida:

– Ela não pode estar morta. Eu a quero. Você a matou.
– Não matei.
– Quem matou?
– Ninguém. Ela morreu, ela se foi.
(Fica furiosa)

– Pensei que você fosse bom, Paul, mas não é. É só mais um mentiroso sujo.

É um momento de grande confusão, pois ela sofre pela personagem como se fosse pessoa real, revelando forte processo de identificação, mas a mistura entre realidade e ficção vai mais longe, pois ela acusa o autor de tê-la assassinado, tomando-se de ódio por ele. Depois de um acesso de fúria, descobre a solução para o problema: Sheldon deve escrever um novo livro, trazendo a personagem de volta.

Os críticos da cultura de massa concordariam inteiramente com o rumo da história: na indústria cultural as expectativas do consumidor devem ser continuamente alimentadas, para que ele não se zangue e deixe de comprar, ou, pior, para que ele não seja forçado a pensar diante do fato novo.

Se a trama já contava com dois clichês – o do escritor comercial e o da leitora de *best-sellers* –, daqui em diante passa a contar com um terceiro: o enredo padronizado.

Ainda preso em casa, sem poder andar, sem acesso a telefone, sem qualquer contato com o mundo exterior, o autor começa a produzir a história que sua leitora exige, trazendo a personagem de volta à vida. Annie conhece as fórmulas, exige que elas sejam seguidas, e quer uma solução verossímil para a ressurreição de Misery. Depois de momentos de grande fúria, pois Sheldon propunha soluções inaceitáveis de seu ponto de vista, alegra-se com o caminho encontrado após várias tentativas. Em êxtase, ela comenta:

> Ian percebeu que Misery fora enterrada viva em coma por mordida de abelha e o coveiro Wilkes lembrou que o mesmo ocorreu com Lady Evelyn-Hyde! Dr. Cleary deduziu que Misery era a filha perdida dela pela raridade da mordida. Eu sabia que Misery era nobre. Eu tinha razão.

A crítica à produção de cultura de massa fica implícita na extravagância da solução tida como aceitável. A correlação de

CULTURA LETRADA: LITERATURA E LEITURA

forças entre escritor e leitora começa a se alterar, pois ele a tem de volta nas mãos, capturada pela curiosidade em relação ao final: "ela continuará a mesma ou terá amnésia? ainda o amará com aquele amor perfeito?", pergunta Annie Wilkes.

Mais senhor da situação, Paul Sheldon começa a preparar sua fuga, exercitando os músculos, empregando a máquina de escrever como se fossem halteres. Nas poucas vezes em que ela se ausenta da casa, ele arrasta-se para fora de seu quarto para examinar suas possibilidades de fuga, mas sempre em vão. Só lhe resta prosseguir com a história de Misery, de clichê em clichê:

> – Por tantos anos ninguém soube quem foi o pai de Misery ou se iriam se reencontrar. Está aqui. Finalmente, se casará com Ian ou com Windthorne? Está tudo aqui. – diz o escritor.

A satisfação com a leitura e a curiosidade em relação ao que virá faz Annie Wilkes baixar a guarda por alguns momentos: o suficiente para que Paul Sheldon tente ganhar controle sobre a situação. Sabendo que ela fará qualquer coisa para ler o final da história, ele a chama para seu quarto e queima o último capítulo diante de seus olhos. Descontrolada, ela torna-se um adversário um pouco mais à altura do convalescente escritor. Segue-se uma violenta luta que termina com a morte da leitora e, consequentemente, com a libertação do escritor. De volta a Nova York, ele torna-se o que desejava ser: um escritor sério, que recebe críticas positivas de grandes jornais e é cotado para um prêmio literário.

O filme parece uma crítica à literatura de massa e aos leitores de *best-sellers,* pois a leitora exemplar é infeliz, solitária, feia e doida; o romance ideal é um apanhado de situações batidas e inverossímeis. O único que parece mais razoável é o escritor, que percebe o baixo nível dessa produção e almeja escrever coisa melhor. O final parece indicar que é preciso acabar com o mundo da indústria cultural, queimando o livro escrito segundo a fórmula e matando a leitora número 1. Só assim o autor pode se libertar e escrever o que realmente interessa.

Parece uma crítica às produções de massa, mas a "crítica" é feita dentro de um dos gêneros típicos da indústria cultural – o *thriller* de suspense. O filme segue inteiramente a fórmula do gênero. Uma pessoa é capturada por um louco e é mantida incomunicável enquanto é seguidamente torturada. Ao filmar o vilão, a câmera se posiciona em ângulo inferior, ou perto demais do ator, acentuando sua monstruosidade. Ao filmar o herói, toma-se um ângulo ligeiramente superior, que ressalta sua submissão. O refém tenta várias formas de fuga, suas mãos tremem, ele transpira, uma música compassada toca ao fundo, mas seu plano fracassa. Ao som de uma música ainda mais aflitiva, ocorre a luta final em que o perseguidor começa levando a melhor, mas acaba morrendo, não sem antes passar por uma "falsa morte", momento em que o prisioneiro relaxa, apenas para ser surpreendido por um novo ataque. Final feliz: o perseguidor morre, o herói se salva. Todos os outros clichês estão lá, é só conferir: música, cortes, *takes*, sequências padronizadas, cenas já vistas etc.

Sentimos medo, torcemos por Paul Sheldon, odiamos Annie Wilkes. O filme nos faz experimentar o veneno que critica. É como se ele nos dissesse: – Vocês se espantam com as reações da enfermeira diante de um romance de massa? Pois vocês reagem igualzinho, diante de um filme de mesma natureza.

Todos caímos na armadilha, mas alguns de nós estigmatizam esses leitores.

■

5 "É, sem dúvida, uma obra-prima de todos os tempos" – os critérios de avaliação e o tempo

"É claro que nordestinos pobres, velhos africanos, meninas de periferia e enfermeiras loucas avaliam literatura de forma diferente! Afinal, eles não têm uma formação adequada e por isso leem mal os textos, não percebendo seu verdadeiro valor."

Se, depois de ler os capítulos anteriores, você pensou isso, enganou-se. Conflitos de avaliação de obras literárias ocorrem também entre os intelectuais, portanto, entre gente de sólida formação. Basta considerar, por exemplo, o que aconteceu por ocasião da morte de Jorge Amado, em 2001, quando vários intelectuais e escritores foram chamados a comentar a produção do romancista. O jornal *Correio Popular*, de Campinas, entrevistou dois professores da Unicamp para avaliar os romances de Jorge Amado e preparou a seguinte matéria:

Professora da Unicamp lamenta a morte

A professora do Instituto de Estudos da Linguagem (IEL) da Universidade Estadual de Campinas (Unicamp) Marisa Lajolo classificou a morte de Jorge Amado como a maior perda possível para a cultura brasileira. Segundo ela, o escritor baiano ensinou o povo brasileiro a ler literatura brasileira. "Ao ler uma obra dele, parece que estamos sentados ao lado dele no cais", disse a professora.

Marisa Lajolo comentou que Jorge Amado merecia um Prêmio Nobel de Literatura por sua importância para a cultura nacional e por apresentá-la ao mundo. Mas disse acreditar que o escritor não foi homenageado porque o Nobel é também um prêmio político. "É preciso articulação política na área", ponderou.

Para o professor Paulo Franchetti, também do IEL, Jorge Amado era um escritor de recursos limitados, mas de grande apelo popular. "Oswald de Andrade dizia que ele escrevia romances muralistas, porque construía murais em suas obras", disse. Segundo Franchetti, Jorge Amado produziu romances políticos pouco expressivos e os romances "muralistas" compõem o melhor de seu trabalho. "Ele era um cronista de costumes e traçou tipos fortes na literatura, como a *Gabriela, Cravo e Canela*. Dava muita importância à sensualidade em sua obra. Era um criador de cenários. Mas não vai além de um bom cronista", alegou Franchetti.

A professora Marisa reconheceu que parte da crítica sempre tratou Jorge Amado como um autor com deficiências, mas afirmou que se trata de um equívoco. "Escritos populares sempre provocam desprezo da crítica", defendeu.

Os dois intelectuais são professores de uma universidade de prestígio (a Unicamp), são especialistas em literatura (ambos são professores do Departamento de Teoria Literária), fizeram mestrado e doutorado na área, portanto não se pode dizer que não tenham boa formação ou que não entendam o que leem. Mesmo assim, expressam opiniões antagônicas sobre a obra de Jorge Amado, da mesma forma como fez a crítica literária brasileira durante as últimas décadas.

Paulo Franchetti não aprecia os romances do escritor baiano, pois os recursos literários empregados por ele seriam muito limitados – seus escritos seriam como murais, coloridos, animados, mas sem profundidade. E os murais seriam o que ele fez de melhor, pois os romances políticos seriam ainda menos interessantes. Para o professor, Jorge Amado criou alguns tipos fortes, deu destaque a assuntos de apelo popular, como a sensualidade, mas não conseguiu criar uma obra que ultrapassasse os limites da crônica de costumes, o que não é exatamente um elogio.

Marisa Lajolo, ao contrário, vê com olhos bastante aprovadores a produção do escritor baiano, acreditando que por seu intermédio o povo brasileiro aprendeu a ler literatura, entendendo, portanto, sua obra como uma importante contribuição para a cultura nacional e como um dos meios pelos quais ela se tornou conhecida no mundo. Os escritos de Jorge Amado seriam bem elaborados a ponto de fazer que o leitor se sentisse participante da narrativa: "parece que estamos sentados ao lado dele no cais". Para a professora, ele mereceria o Prêmio Nobel de Literatura, o que é um grande elogio.

FIGURA 8. JORGE AMADO.

Diante da mesma obra, pessoas de sólida formação fazem leituras e avaliações bastante distintas, pois veem a vida de forma diferente: criar personagens fortes é bom ou ruim? Contar histórias com começo-meio-e-fim é bom ou ruim? Ser acessível é bom ou ruim? Ser apreciado por muitos é bom ou ruim? Você decide, e entra em uma polêmica sobre a qualidade estética dos escritos de Jorge Amado que dura décadas e anima dezenas de críticos. Enquanto eles discutiam, seus livros eram lidos em 36 idiomas espalhados por 46 países e vendiam mais de 21 milhões de exemplares no Brasil e 80 milhões pelo mundo. Talvez por isso mesmo haja tanta polêmica.

E não é de hoje. As divergências na avaliação de textos literários e as avaliações negativas sobre obras consideradas referência na literatura ocidental são tantas que deram origem a um livro intitulado *Rotten Reviews & Rejections* (ou seja, *Recusas & resenhas detestáveis*), uma antologia de críticas ácidas produzidas "desde 411 a.C.", organizada por Bill Henderson e André Bernard, e publicada nos Estados Unidos em 1998.[1]

A mais antiga opinião coligida pelos organizadores foi expressa pelo dramaturgo grego Aristófanes a propósito da obra de um de seus colegas de ofício, Eurípedes: "um ajuntador de clichês... um preparador de marionetes esfarrapadas". A essa seguem-se centenas de críticas ferinas a propósito de obras e autores de renome.

Shakespeare, por exemplo, foi bastante criticado. O escritor inglês Samuel Pepys, em seu famoso *Diário*, comentou tanto os *Sonhos de uma noite de verão* quanto *Romeu e Julieta*, ambas encenadas em 1662. Sobre a primeira, ele disse: "é a peça mais insípida e ridícula que já vi em toda minha vida". A respeito da segunda, não foi mais complacente: "é um arremedo de si mesma, a pior que já ouvi na vida, e a pior encenação jamais vista". Em 1768, o filósofo francês Voltaire leu *Hamlet* e declarou: "é um drama vulgar e bárbaro, que não seria tolerado pelo mais reles populacho francês ou italiano... só se pode pensar que essa peça foi escrita por um selvagem bêbado". O poeta inglês Lord Byron, em carta

---

1 HENDERSON, Bill, BERNARD, André (orgs.). *Rotten Reviews & Rejections*. Wainscott, New York: Pushcart Press, 1998.

CULTURA LETRADA: LITERATURA E LEITURA

a James Hogg, em 1814, sentenciou: "O nome de Shakespeare está em um lugar absurdamente alto e vai cair. Suas histórias não têm nenhuma invenção; ele retira todos os seus enredos de antigas narrativas. E as transforma em peças com tão pouco trabalho imaginativo que qualquer um é capaz de devolvê-las à forma de contos em prosa". George Bernard Shaw, escritor irlandês ganhador do Nobel de Literatura em 1925, também não teve muita empatia com o trabalho de Shakespeare. Sobre a peça *Otelo*, ele disse: "é um melodrama puro; não há nenhuma caracterização que vá além da superfície". Pelo menos um intelectual a cada século tomou do papel para desancar aquele que hoje é tido como o maior dramaturgo inglês. Como você vê, Shakespeare não foi mal avaliado apenas por poetas populares e chefes africanos.

Maior quantidade de *resenhas detestáveis* são produzidas a partir do século XIX, quando a crítica literária ganha os jornais e passa a ser uma das ocupações dos homens de letras. O crítico Eugene Poitou escreveu sobre Honoré de Balzac, na prestigiosa *Revue des Deux Mondes* (Revista dos Dois Mundos), em 1856: "há pouca imaginação na invenção e criação de personagens e enredo, ou no delineamento da paixão... O lugar de Balzac na literatura francesa não será alto nem considerável". No ano seguinte, e com a mesma certeza, o jornal francês *Le Figaro* comentou o romance *Madame Bovary*, de Gustave Flaubert, e sentenciou: "*Monsieur* Flaubert não é um escritor". Não apenas os europeus receberam duras críticas. O americano Edgar Allan Poe não ficaria nada satisfeito se tivesse lido o que John Burroughs escreveu em 1893: "ele é meramente um poeta verbal, vazio de pensamentos, vazio de simpatia, vazio de amor por qualquer coisa real... ele não é humano nem viril".

No final do século XX, como você viu, James Joyce era aclamado pela crítica brasileira como um dos maiores escritores do século e dois de seus romances – *Ulisses* e *Finnegans Wake* – indicados como leitura obrigatória para quem quisesse ler o que realmente valia a pena. Nem sempre foi assim. A escritora inglesa Virginia Woolf, ao concluir a leitura de *Ulisses*, registrou em seu diário:

> Terminei *Ulisses* e acho que é um fracasso... O livro é difuso. É desagradável. É pretensioso. É inculto não apenas no sentido mais óbvio, mas também no sentido literário. Um escritor de primeira linha respeita de tal forma a escrita que se sente incapaz de lançar mão de tantas artimanhas.

Finnegans Wake também não foi muito bem recebido. Ao menos não pelo *New York Herald Tribune*: "Começamos a sentir que a mesma liberdade que o leva a dizer qualquer coisa tornou-se uma compulsão para não dizer nada".

Os organizadores da antologia *Rotten Reviews & Rejections* justificam o interesse em colecionar centenas de críticas mordazes sobre escritores de renome, dizendo que um dos prazeres de ler essa coleção é ver grandes críticos errando redondamente em seus juízos sobre grandes autores. Desse ponto de vista, o título do livro torna-se ambíguo, pois *rotten* significa tanto *detestável* quanto *podre*.

Por ocasião do lançamento do livro nos Estados Unidos, Carlos Graieb publicou uma resenha na revista *Veja*, concordando com os organizadores e apresentando como "moral da história" a ideia de que ninguém "está a salvo de proferir besteiras, se não diante de seus contemporâneos, ao menos diante da posteridade".[2]

Talvez a "moral da história" devesse ser outra: a avaliação que se faz de uma obra depende de um conjunto de critérios

---

2 GRAIEB, Carlos. Resenhas podres. *Veja*, São Paulo, 13 out. 1999.

CULTURA LETRADA: LITERATURA E LEITURA

e não unicamente da percepção da excelência do texto. Ler um livro não é apenas decifrar letra após letra, palavra após palavra. Ler um livro é cotejá-lo com nossas convicções sobre tendências literárias, sobre paradigmas estéticos e sobre valores culturais. É sentir o peso da posição do autor no campo literário (sua filiação intelectual, sua condição social e étnica, suas relações políticas etc.). É contrastá-lo com nossas ideias sobre ética, política e moral. É verificar o quanto ele se aproxima da imagem que fazemos do que seja literatura. Normalmente nenhum destes critérios é explicitado, uma vez que o discurso da maior parte da crítica é construído a partir da afirmação de uma *imanente literariedade*. Por isso, avaliações como as reunidas nessa antologia aparecem como "erros", quando na verdade expressam o desacordo entre as expectativas do crítico e o trabalho realizado nas obras.

É uma ingenuidade acreditar que críticos e intelectuais, por sua sólida formação, deveriam estar aptos a perceber a literariedade de um texto, considerando apenas suas características formais e de elaboração. Entretanto, é essa crença que explica o espanto causado pelo fato de intelectuais de renome terem considerado não literárias ou mal realizadas obras hoje consagradas, fazendo com que *Rotten Reviews & Rejections* fosse um sucesso, vendendo 700 mil cópias nos Estados Unidos em menos de um ano. Ou talvez nesse volume de vendas haja uma pitada de vingança do leitor comum (aquele que vive levando puxões de orelha por não ter lido corretamente ou por não ter apreciado devidamente os grandes autores consagrados) contra os leitores especializados (aqueles que desferem os puxões de orelha). Ou dos candidatos a escritor que levam ainda maiores puxões de orelha. Depois de lê-lo, os escritores e leitores comuns devem ter se sentido em boa companhia.

FIGURA 9. REPRODUZIDA NO LIVRO *ROTTEN REVIEWS & REJECTIONS*.

As avaliações coletadas nessa antologia deixam claro que os critérios de julgamento mudam historicamente – que um autor muito apreciado hoje pode ser esquecido amanhã; que um livro detestável no passado pode ser um clássico atualmente.

A própria ideia sobre o valor da leitura já foi outra. Hoje ninguém tem dúvidas sobre a importância do ato de ler, tanto que, você viu, organizações governamentais e não governamentais fazem campanhas para que todos se tornem leitores. Nada poderia parecer mais horrível do que isso para alguns homens do século XVIII. Em 1775, por exemplo, o médico suíço Simon-Andre Tissot escreveu um livro intitulado *A saúde dos homens de letras*, em que apresentava os perigos que a leitura oferecia para a saúde.[3] Ele explicava que o contato com os livros prejudicava os olhos, o cérebro,

---

3 TISSOT, Simon-Andre. *De la santé des gens de lettres*. Laussane: Grasset & Comp; Lyon: Duplain, 1775.

CULTURA LETRADA: LITERATURA E LEITURA

os nervos e o estômago. Todo o organismo sofria, pois a leitura forçava a mente a trabalhar com intensidade ao mesmo tempo que mantinha o corpo em repouso durante longos períodos. O autor conta que, em sua prática clínica, encontrou os mais graves distúrbios de saúde, originados pela prática constante da leitura e da escrita. A "intemperança literária", dizia, causava perda de apetite, dificuldades digestivas, enfraquecimento geral, espasmos, convulsões, irritabilidade, atordoamento, taquicardia, podendo conduzir à "privação de todos os sentidos". A solução para tantos problemas era ler pouco e fazer exercícios.

O Dr. Tissot não estava sozinho em sua cruzada contra a leitura. J. G. Heinzemann publicou, em 1795, um folheto em que descrevia os perigos a que se expõe a pessoa que lê:

suscetibilidade a resfriados, dores de cabeça, enfraquecimento dos olhos, ondas de calor, gota, artrite, hemorroida, asma, apoplexia, doença pulmonar, indigestão, obstipação intestinal, distúrbio nervoso, enxaqueca, epilepsia, hipocondria e melancolia.[4]

Outros cientistas da época, como Johann Adam Bergk, concordavam com o perigo, mas buscavam encontrar soluções para permitir que se continuasse a ler: era preciso lavar frequentemente o rosto com água fria e fazer caminhadas ao ar livre; nunca se devia ler depois de comer; jamais se podia ler de pé.[5]

Quem imaginaria que estávamos correndo tantos perigos...

Mais do que os danos físicos provocados pela leitura, temia-se o contato de pessoas erradas com os livros, a começar

---

4   Apud: DARTON, Robert. História da Leitura. *In:* BURKE, Peter (org.). *A escrita da história*. São Paulo: Editora UNESP, 1992, p.219.
5   DARTON, Robert. História da Leitura. *In:* BURKE, Peter (org.). *A escrita da história*. São Paulo: Editora UNESP, 1992.

de pobres e trabalhadores. Muitos acreditavam que era um erro alfabetizar as pessoas das "classes baixas", pois, como dizia o autor do livro *Variety: a Collection of essays written in the year, 1787* (*Variedades: uma coleção de ensaios escritos no ano de 1787*), todo o conhecimento de que elas precisavam poderia ser obtido oralmente. A leitura não seria capaz de retirá-las da "indolência, do vício ou da miséria" em que viviam, e ainda corria-se o risco de que elas se revoltassem. Ele acreditava que apenas quando mantidos em firme subordinação os pobres poderiam ser de alguma utilidade e, para mantê-los em um "estado tratável", era preciso "algum grau de ignorância".[6]

Ele não estava sozinho. John Boswell, por exemplo, acreditava que não se devia ensinar aos pobres e trabalhadores nada além daquilo que possibilitasse a leitura da Bíblia e de textos religiosos, pois o contato com outros escritos os tornaria descontentes com o trabalho manual, com o qual deveriam ocupar o resto de suas vidas.[7] Mas, você sabe, quem lê um livro, lê outros...

Além de pobres e trabalhadores, outra categoria de leitores parecia particularmente perigosa: as mulheres. Imaginava-se que elas eram governadas pela imaginação e inclinadas ao prazer e, como não tinham ocupações sólidas, nada as afastaria das desordens do coração – e das desordens do corpo, que são as piores. Muitas caricaturas associavam infidelidade e leitura.

A caricatura de Thomas Rowlandson, publicada em 1814, trazia embaixo a inscrição: "Quando o velho bobo tiver tomado seu vinho e ido descansar, eu serei sua".[8] Entre

---

6 *Variety: a Collection of essays written in the year, 1787*. Londres: 1788.
7 *Education of the lower orders*: a second letter to Samuel Whitbread, Esq. M.P. Londres, 1808.
8 Thomas Rowlandson. *When the old fool has drunk his wine and gone to rest I'll be thine*, 1814.

o velho marido e o amante galanteador, um livro aberto, indicando que toda sua malícia tinha sido aprendida nos livros.

FIGURA 10. CARICATURA DE THOMAS ROWLANDSON.

Outros diziam isso mais explicitamente:

> Deve-se prestar atenção nos livros que uma senhora lê tanto quanto em suas companhias: pois, se concordamos que a escuta frequente de conversas licenciosas prepara a mente para a aceitação de ideias corrompidas, não se pode negar que os livros, nos quais o amor é o único tema e as intrigas amorosas a única ocupação dos personagens, sejam mais perigosos até mesmo que as más companhias. A narração de cenas lascivas poderia chocar ouvidos ainda não endurecidos pelo vício, mas a representação ardente pintada num romance, e lida na privacidade do retiro, não pode deixar de excitar desejos e deixar vestígios impuros na memória.[9]

Mulheres leitoras eram um perigo. Maior perigo ainda eram mulheres leitoras de romances.

Hoje, a leitura de romances é parte obrigatória do currículo escolar, mas tempos atrás essa ideia pareceria uma total extravagância. Os romances modernos, livros como *Robin-*

---

9 Character and Effect of Modern Novels, *London Magazine*, 1773.

son Crusoé, *Tom Jones* ou *Moll Flanders*, foram vistos como uma completa novidade quando surgiram em meados do século XVIII – basta ver que o nome usado para designar o gênero em inglês, *novel*, significa também *novo, novidade*. Os leitores adoraram, especialmente aqueles que se queria afastar dos livros (os pobres, trabalhadores, mulheres e jovens). Tinham certeza de que nunca tinham lido nada igual – e tão bom.

Logicamente, os críticos, os professores e os homens eruditos detestaram. Eles acreditavam que a leitura dos romances era uma perda de tempo, corrompia o gosto e fazia que se tomasse contato com situações moralmente condenáveis.

Em 1819, um pastor metodista fez cálculos sobre o tempo gasto com a leitura de romances: supondo que se gastassem duas horas por dia lendo esse tipo de livro, haveria "uma perda de *dois meses* em cada ano; e isso, em cinquenta anos, perfaz o terrível total de *oito anos e quatro meses* de tempo precioso!".[10]

Do ponto de vista moral, a situação parecia ainda pior. As narrativas, dizia-se, ensinavam a fazer coisas reprováveis, mostravam cenas de adultério, incesto, sedução, crimes, possibilitando ao leitor aprender como fazer coisas semelhantes, como evitar riscos, como burlar as leis. Mesmo que o leitor não pusesse em prática os atos condenáveis representados nos romances, sua leitura provocaria sensações físicas pouco recomendáveis, despertando desejos e excitando os sentidos. Como se não bastasse, eles enfraqueciam os valores morais, dando novo sentido a atos reprováveis. Em mais de um romance o crime era apresentado como uma fraqueza, a castidade era vista como um detalhe desnecessário e a sedução era retratada como um ato de amor. Tudo isso parece interessante do nosso ponto de vista. Mas não do de religiosos moralistas.

---

10 *Methodist Magazine*, XLII, agosto de 1819, p.608.

Os professores também reclamavam, temendo não apenas o perigo moral, mas a possibilidade de que a leitura dessas narrativas afastasse os jovens dos estudos e ocupações sérias:

> Eu os vejo como um divertimento inocente, desde que se lhes dedique apenas algumas horas quando se deseja relaxar. Mas serão horas verdadeiramente perdidas aquelas que lhes forem dedicadas em detrimento dos estudos mais sólidos. A perda de tempo nem sempre é o maior perigo oriundo dos maus Romances. Neles, estragamos o gosto, criamos falsas ideias de virtude, encontramos imagens obscenas, sujeitamo-nos sem perceber; e nos deixamos amolecer pela linguagem sedutora das paixões, sobretudo quando o autor soube emprestar-lhes as cores as mais graciosas.[11]

E você que nunca tinha percebido que ler romance era tão animado!

Como o romance era uma novidade, ele parecia muito pior do que os gêneros clássicos, como a epopeia, a tragédia ou os poemas líricos. O romance era um gênero novo e, portanto, não tinha tradição nem antepassados nobres. Isso era particularmente importante, pois, naquela época, os critérios para a definição do "bom" ou "mau" desempenho dos escritores estavam registrados em Poéticas e em Retóricas. Como elas não diziam uma palavra sobre romances, eles não podiam ser escritos de valor. Bom mesmo era ler Eurípedes, Sófocles ou Virgílio.

Toda essa reclamação sobre romances chegou ao Brasil. Por esses motivos, alguns anúncios de escolas alardeavam o fato de que as meninas eram proibidas de ler romances (aqui chamados de novelas):

> Ensinará as Meninas a ler, a falar, e a escrever português, segundo os princípios de Gramática; e Ortografia, cujas lições as fará dar meto-

---

11 BRUZEN DE LA MARTINIÈRE. *Introduction generale à l'étude des Sciences et des Belles Lettres, en faveur des personnes qui ne savent que le François.* La Haye: chez Isaac Beauregard, 1731, p.189-90.

dicamente, como também de História Profana principalmente as dos nossos Reinos, e País, e além destes livros lhe poderá permitir a leitura, dos que forem honestos com preferência os que tratarem de educação, e civilidade, nunca Novelas, anatomias, e outros livros semelhantes.[12]

Os romances que hoje todo professor de literatura gostaria que seu aluno lesse não eram sequer considerados literatura e, portanto, tentava-se, de todo jeito, tirá-los das mãos dos leitores.[13] O gênero era novo, não fazia parte da tradição clássica, era lido por gente sem muita instrução, era vendido aos montes. Em suma: devia ser banido do mundo das Belas Letras. Apesar das insistentes reclamações, que entram pelo século XIX, uma crítica mais poderosa, a do público leitor, deu seu veredicto e permitiu a consolidação do gênero. Estima-se que aproximadamente dois mil romances foram publicados durante o século XVIII na Inglaterra, o que ajuda a entender a existência de tamanha má vontade com o gênero.[14]

Hoje se faz coisa parecida, mas invertendo o papel que cabia aos romances. Atualmente os jovens são estimulados a ler romances antigos – justamente aqueles que eram tão perseguidos – enquanto se condena a leitura de histórias em quadrinhos ou de romances de banca de jornal, utilizando-se argumentos muito parecidos com os que se usava para condenar a leitura dos romances. Não se deve ler gibis, pois eles afastam os moços e moças das leituras sérias; não se deve ler *Sabrina*, pois os enredos estimulam a imaginação sentimental e erótica;

---

12 Estatutos do Collegio de Educação de Meninas, denominado de "Nossa Senhora dos Humildes" ... Capitania da Cidade da Bahia no anno de 1813. Provisão de D. João VI, de julho de 1817.

13 No meu texto "Letras, belas-letras, boas-letras", publicado no livro organizado por Carmen Zink Bolognini, *História da literatura: o discurso fundador* (Campinas: Mercado de Letras/Fapesp, 2003), apresento o processo de definição do conceito de literatura e o papel que o surgimento de obras destinadas a amplos públicos leitores tiveram nesse processo.

14 No meu livro *Os caminhos dos livros* (Campinas: Mercado de Letras/ALB/Fapesp, 2003), o debate sobre o romance nos séculos XVIII e XIX está detalhadamente explicado.

CULTURA LETRADA: LITERATURA E LEITURA

não se deve assistir muita televisão, pois é uma perda de tempo precioso; não se deve ler histórias de lutas marciais, pois os leitores imitam a violência em sua vida real.

Os critérios de avaliação do que é *boa* e *má literatura*, e até mesmo de que gêneros são considerados *literários*, mudam com o tempo. Não há uma *literariedade* intrínseca aos textos nem critérios de avaliação atemporais.

Para contentar aqueles que não se convencem facilmente, um novo exemplo. Assim como ocorreu em 1999, no final do século XIX, os redatores da revista *Semana* decidiram lançar um "plebiscito literário" para escolher os seis melhores romances em língua portuguesa.[15] A iniciativa causou forte polêmica, pois alguns discordavam da unificação da literatura portuguesa e brasileira em um concurso, esperando que se fizesse um certame exclusivo às letras nacionais. Maior polêmica ainda gerou o resultado:

1º *Os Maias*, Eça de Queirós
2º *O primo Basílio*, Eça de Queirós
3º *Memórias póstumas de Brás Cubas*, Machado de Assis
4º *A relíquia*, Eça de Queirós
5º *A mão e a luva,* Machado de Assis
6º *O Ateneu*, Raul Pompeia

É claro que a presença marcante de Eça de Queirós enfureceu os mais nacionalistas, mas as divergências não pararam aí. Alguns aceitaram sua inclusão, mas rejeitaram os livros propostos, advogando em favor de *O crime do padre Amaro*. Uns zangaram-se pela ausência de *O guarani* e *A moreninha*, outros, pelo fato de José de Alencar e de Joaquim Manuel de Macedo nem sequer constarem da lista,

---

15 Artigos sobre o "Plebiscito Litterario" foram publicados em *O Álbum*, segunda série, ano I, n.40, setembro de 1893, e no nº 41, outubro de 1893. Agradeço a Ruthskaya Queirós pela localização deste material e pela generosa oferta de fotocópias dos artigos.

assim como Manoel Antonio de Almeida, Bernardo Guimarães e Franklin Távora.

Até aqui a situação não é muito diferente da que se criou a partir da elaboração da listas dos melhores autores do século XX. Mas a distância de mais de cem anos traz complicadores novos. É curioso ver a indignação pela exclusão de obras como *Mocidade de D. João V*, de Rebello da Silva; como *Prato de arroz doce* e *Ermida de Castromino*, de Teixeira de Vasconcellos, ou ainda *Sargento-mór de Villar*, de Arnaldo Gama. São obras e autores eruditos que mereceram o apoio de parte da crítica autorizada e que, entretanto, não permaneceram como referências para a *Grande Literatura*.

Veja, por exemplo, as sugestões encaminhadas por Antonio Martins da Câmara para a lista dos seis melhores romances de todos os tempos:

1º A *Baroneza de amor*, do fallecido Dr. Joaquim Manoel de Macedo, luminar illustre das lettras patrias.

2º *Ouro sobre azul*, do esclarecido Sr. Visconde de Taunay.

3º *Gabriella*, do meu distincto amigo Sr. Dr. J. M. Velho da Silva.

4º o *Doutor Benignus*, do fallecido poeta Augusto Emilio Zaluar.

5º a *Má estrella*, do Sr. Commendador Felix Ferreira.

6º a *Virgem da tapera*, do Sr. Dr. João Climaco Lobato.

Faça um último teste: quantas destas obras você já leu? Quantas você considera de indiscutível valor literário? Provavelmente sua resposta foi uma só: *nenhuma*.

Se pouca coisa sobrou de alguns dos "melhores do século XIX", o que acontecerá com os "melhores do século XX"?

Conclusão
Somos todos diferentes

Agora você já sabe que a definição de literatura não é algo objetivo e universal, mas sim algo cultural e histórico. Sabe também que as instâncias de legitimação selecionam o que deve ser considerado *Literatura*, definindo, por conseguinte, o que deve ser apresentado nas escolas como *a* produção nacional e ocidental, o que deve ser estudado, o que pode ser exigido em exames de seleção etc.

A capacidade de legislar dessas instâncias é, portanto, bastante grande. Mas não é total. Muita gente não tem a menor ideia do que se passa nas academias, escolas e universidades. Muita gente sabe o que se passa, mas não está nem aí. Cada grupo social e, principalmente, cada grupo cultural tem um conceito sobre o que seja literatura, e tem critérios de avaliação próprios para examinar histórias, poesias, encenações, músicas etc.

Dessa forma, a *Grande Literatura* convive com outras literaturas, de menor prestígio, mas de grande apelo. Entre um e outro conjunto de livros (consagrados e não consagrados), a escola tende a aproximar-se da opinião dos intelectuais e esquecer – ou pior, estigmatizar – o gosto das pessoas comuns. Tomando o gosto e o modo de ler da elite intelectual como padrão de apreciação estética e de leitura excluem-se, das preocupações escolares, objetos e formas de ler distintos, embora majoritários. Se os alunos rejeitam os livros escolhidos pela escola, o problema está nos alunos – em sua ingenuidade, em sua falta de preparo, em sua preguiça. Se as pessoas leem *best-sellers*, o problema também está nelas – em sua ignorância, em sua falta de refinamento, em sua alienação.

A suposta existência de valores absolutos faz que se julguem todas as obras imaginativas com uma mesma bitola. O resultado é previsível: obras não eruditas são avaliadas como imperfeitas e inferiores. Na verdade, elas são apenas diferentes. Por exemplo, um folheto de cordel julgado segundo os padrões de avaliação da crítica literária moderna e erudita é considerado simples, ingênuo, pouco elaborado. O mesmo folheto, julgado pela comunidade nordestina e por seus poetas, pode ser considerado de excelência incontestável.

Já um poema moderno julgado com os critérios compartilhados pelos apreciadores da literatura de folhetos parece defeituoso; da mesma forma que um romance realista parece mal realizado quando examinado à luz das convenções empregadas nos *best-sellers* contemporâneos. Se os poetas nordestinos se tornassem hegemônicos, grande parte daquilo que hoje consideramos boa literatura seria banida do novo cânone por falta de elaboração literária.

Fazer esse tipo de cruzamento, avaliando uma obra com critérios produzidos para outro tipo de composição, parece uma ideia bizarra se empregamos valores exteriores à cultura erudita para avaliar obras consagradas. Mas é isso que se faz toda vez que se empregam juízos de valor eruditos para avaliar obras de outra natureza.

A proposta deste livro – você já percebeu – é que se abra mão da tarefa de julgar e hierarquizar o conjunto dos textos

CULTURA LETRADA: LITERATURA E LEITURA

empregando um único critério e se passe a compreender cada obra dentro do sistema de valores em que foi criada. Não se trata de se esquivar de qualquer forma de julgamento ou hierarquia, até porque os grupos culturais avaliam suas próprias produções e decidem que há algumas mais bem realizadas que outras. O que parece inadequado, entretanto, é avaliar *todas* as composições segundo os critérios pertinentes à criação erudita. Abandonando esta forma de agir, ficará claro que não há livros bons ou ruins para todos, pois nem todos compartilham dos mesmos critérios de avaliação.

Desta forma, nas escolas, os livros preferidos pelos alunos podem (e devem) ser lidos e discutidos em classe, levando-se em conta os objetivos com que foram produzidos, os gêneros de escritos a que pertencem, seu funcionamento textual. Estes livros podem ser comparados com textos eruditos, não para mostrar como os últimos são superiores aos primeiros, mas para entender e analisar como diferentes grupos culturais lidam e lidaram com questões semelhantes ao longo do tempo.

Neste sentido a literatura erudita será entendida como um conjunto de produções realizadas por *um determinado grupo cultural* e não como *a* Literatura, assim como a visão do crítico literário expressará *uma leitura* e não *a leitura correta* de um determinado texto ou a *única autorizada*.

Não estou propondo que se abandone o estudo do texto literário canônico, e sim que se garanta espaço para a diversidade de textos e de leituras; que se garanta o espaço do outro.

Assim, pode ter muito interesse ler e estudar literatura, pois ela pode favorecer o encontro com a alteridade (alteridade de temas, alteridade de modos de se expressar, alteridade de critérios de avaliação). Não se encontrou, até hoje, nenhum povo que não contasse histórias ou que não cantasse, mas cada povo, ou cada grupo, tem um jeito próprio de fazer isso e uma maneira peculiar de apreciar essas produções.

Alargar o conhecimento da própria cultura e o interesse pela cultura alheia pode ser um bom motivo para ler e para estudar literatura. A literatura erudita pode interessar a comunidades afastadas da elite intelectual, não porque devam conhecer a *verdadeira* literatura, a *autêntica* expressão do que de *melhor* se produziu no Brasil e no mundo, mas como forma de compreensão daquilo que setores intelectualizados elegeram como as obras imaginativas mais relevantes para sua cultura. Do mesmo modo, pode-se estudar e analisar os textos não canonizados, o que para alguns significará refletir sobre sua própria cultura e para outros, o conhecimento das variadas formas de criação poética ou ficcional.

Não há obras boas e ruins em definitivo. O que há são escolhas – e o poder daqueles que as fazem. Literatura não é apenas uma questão de gosto: é uma questão política.

■

GLOSSÁRIO

Aqui você encontra pequenas informações sobre autores citados ao longo do texto que permitirão que você os situe, minimamente, no tempo, no espaço e na cultura. Alguns pensarão que era desnecessário explicar quem foi Machado de Assis; outros dirão que desnecessário mesmo era dizer quem foi João Martins de Athayde. É por isso que aqui, assim como no livro, eles ficarão lado a lado.

Se você quiser conhecer a obra desses autores, os livros mencionados nos verbetes podem ser um bom começo.

Alexandre Dumas (1802 – 1870) – Escritor francês, fez fortuna com a venda de suas obras. Autor de peças teatrais, folhetins e romances, dentre os quais se destacam *Os três mosqueteiros* (1844) e *O conde de Monte Cristo* (1844-45).

Álvares de Azevedo (1831 – 1852) – Escritor brasileiro, autor de textos poéticos e ficcionais, dentre os quais se destacam *Lira dos vinte anos* e *Noite na taverna*, obras publicadas postumamente, depois de 1853.

Aristófanes (± 445 – ± 386 a.C.) – Poeta cômico grego, compôs peças de forte invenção linguística, em que cria situações imprevistas ou absurdas, apresentadas como naturais.

Bernardo Guimarães (1825 – 1884) – Escritor brasileiro, autor de poesias, romances e textos jornalísticos. Sua obra mais conhecida é *A escrava Isaura* (1875), romance de cunho antiescravista.

Jorge Luis Borges (1899 – 1986) – Escritor argentino conhecido por seus escritos fantásticos. Autor de textos poéticos, críticos e ficcionais, dentre os quais se destacam *Ficções* (1944) e *O Aleph* (1949).

Camilo Castelo Branco (1826 – 1890) – Escritor português, autor de romances, peças teatrais, poesias, folhetins, além de textos jornalísticos, historiográficos e de crítica literária, dentre os quais se destaca *Amor de perdição* (1862).

Cassiano Ricardo (1895 – 1974) – Poeta brasileiro. Inicialmente ligado ao Parnasianismo e ao Simbolismo, adere, posteriormente, aos movimentos literários de cunho experimentalista: Modernismo, Concretismo, Praxismo e Poesia de Vanguarda.

MÁRCIA ABREU

Cego Aderaldo [Aderaldo Ferreira de Araújo] (1882 – 1967) – Poeta brasileiro, ficou famoso em virtude de uma peleja com Zé Pretinho do Tucum, na qual teria proposto como tema o trava-língua "Quem a paca cara compra, paca cara pagará". A peleja, provavelmente fictícia, ficou conhecida graças ao folheto escrito por Firmino Teixeira do Amaral, poeta popular e cunhado do Cego Aderaldo.

Edgar Allan Poe (1809 – 1849) – Escritor americano, famoso por suas narrativas fantásticas. Jornalista, crítico, poeta, contista e romancista, escreveu *Aventuras de Arthur Gordon Pym* (1838), *Filosofia da composição* (1846) e *Princípio poético* (1850), entre outros.

Eurípedes (480 – 406 a.C.) – Poeta trágico grego, toma por tema situações da vida de gente comum em momentos de forte agitação (amor, morte, guerra).

Expedito Sebastião da Silva (1928 – 1997) – Poeta brasileiro. Tipógrafo e poeta popular, publicou mais de 100 folhetos de cordel de sua autoria, dentre os quais se destacam *A carta dramática de Getúlio Vargas*, *As diabruras de Pedro Malasartes*, *Os horrores e a seca do Nordeste*.

George Bernard Shaw (1856 – 1950) – Escritor e jornalista irlandês. Foi crítico teatral, escreveu romances e peças teatrais, dentre as quais se destaca *Saint Joan*, em que satiriza o heroísmo militar por meio da figura de Joana D'Arc. Recebeu o Prêmio Nobel de Literatura em 1925.

Gustave Flaubert (1821 – 1880) – Romancista francês, considerado o mais importante autor da escola realista. Autor de *Madame Bovary* (1857), livro que o levou a julgamento por imoralidade.

Homero (entre os séculos IX e VIII a.C.) – Poeta grego, cuja existência real gera muita controvérsia entre os especialistas. A tradição atribui a ele dois poemas épicos: *Ilíada* e *Odisseia*.

Honoré de Balzac (1799 – 1850) – Escritor francês, autor da *Comédia humana*, título sob o qual reuniu o conjunto de seus romances a partir de uma reedição feita em 1842. É considerado um dos iniciadores do Realismo.

James Joyce (1882 – 1941) – Romancista e contista irlandês, considerado um dos mais importantes escritores eruditos do século XX. Conhecido pela experimentação formal a que submeteu a linguagem.

James Macpherson (1736 – 1796) – Poeta escocês. Iniciou sua carreira de escritor com o poema *Highlander* (1758), de nenhuma repercussão entre o público ou a crítica. Conheceu o sucesso quando publicou a suposta tradução dos versos de Ossian, um poeta do século III.

CULTURA LETRADA: LITERATURA E LEITURA

Jô Soares (1938 –) – Escritor e comediante brasileiro. Conhecido por seus programas humorísticos e de entrevista, escreve para vários jornais e é autor de peças teatrais e de romances, dentre os quais se destaca *O xangô de Baker Street* (1995), cuja vendagem superou os 500 mil exemplares.

João Martins de Athayde (1880 – 1959) – Poeta brasileiro, atuou como autor e editor de folhetos de cordel. Publicou dezenas de folhetos de sua autoria, dentre os quais se destacam *O casamento do calangro*, *Elzira, a morta viva*, *A morte de Lampeão*.

Johann Gottfried Herder (1744 – 1803) – Escritor alemão, autor de textos críticos, pedagógicos, filosóficos, teológicos, poéticos e teatrais. Defendeu ideias de retorno à natureza e às origens, de recolhimento e estudo das composições populares e orais, contestando a superioridade da Antiguidade greco-latina.

Johann Wolfgang von Goethe (1749 – 1832) – Escritor alemão, autor de textos críticos, peças teatrais, poesias e romances. Seu *Sofrimentos do jovem Werther* (1774) foi um enorme sucesso na Europa e nas Américas.

Jorge Amado (1912 – 2001) – Escritor brasileiro. Iniciou sua atividade como autor engajado, ligado ao Comunismo. Em um segundo momento, mais distante da cena política, retratou com bom humor e exotismo a vida baiana. Na primeira fase, destaca-se *Jubiabá* (1935) e, na segunda, *Gabriela, cravo e canela* (1958).

José Bonifácio (1827 – 1886) – Escritor brasileiro, tem o mesmo nome de seu tio, o patriarca da independência, José Bonifácio de Andrada e Silva, chamado de O Velho, para diferenciá-lo do sobrinho, alcunhado O Moço. Foi poeta, mas destacou-se por sua atuação política e pela defesa do abolicionismo.

José de Alencar (1829 – 1877) – Escritor brasileiro. Teve intensa atuação política e foi autor de romances, poesias, peças teatrais e folhetins. Destacou-se como indianista e como retratista de costumes. Ficaram famosas obras suas como *O guarani* (1857), *Iracema* (1865) e *Senhora* (1875).

Lord Byron [George Gordon] (1788 – 1824) – Poeta inglês. Autor de poemas e peças teatrais em que revela seu gosto pelo Oriente, sua paixão pelas mulheres e sua rejeição a qualquer forma de tirania.

Machado de Assis (1839 – 1908) – Escritor brasileiro. Autor de romances, poesias, crônicas, contos, crítica literária e peças teatrais.

Foi o primeiro presidente e um dos fundadores da Academia Brasileira de Letras. É considerado o maior escritor brasileiro do século XIX. Dentre seus escritos destacam-se *Memórias póstumas de Brás Cubas* (1881), *Quincas Borba* (1891) e *Dom Casmurro* (1900).

Madame de Staël [Germaine de Staël] (1766 – 1817) – Intelectual franco-suíça, animou um salão literário onde se reuniam importantes homens de letras do início do século XIX. Escreveu romances, peças teatrais, ensaios, crítica literária, história e memórias.

Manoel de Almeida Filho (1914 – 1995) – Poeta brasileiro. Autor e vendedor de folhetos de cordel, atuava no Nordeste como selecionador de histórias a serem publicadas pela Editora Luzeiro, de São Paulo, a maior editora de folhetos instalada fora do Nordeste. Autor de uma centena de folhetos, dentre os quais se destacam *Chegada de Roberto Carlos ao céu* e *O filho que bateu na mãe e virou lobisomem*.

Manoel Camilo dos Santos (1905 – 1987) – Poeta brasileiro. Foi cantador, poeta popular, editor e vendedor de folhetos de cordel. Autor de mais de 80 títulos, notabilizou-se pelo folheto *Viagem a São Saruê*.

Manuel Bandeira (1886 – 1968) – Poeta brasileiro, destacou-se entre os Modernistas por sua poesia coloquial, irônica e bem-humorada. Dentre suas obras sobressaem *Libertinagem* (1930) e *Estrela da vida inteira* (1966).

Mário de Andrade (1893 – 1945) – Escritor brasileiro. Autor de poesias, textos ficcionais e ensaísticos, foi uma das principais figuras da Semana de Arte Moderna. Teve particular interesse pela etnografia e pelo folclore. Dentre suas obras destacam-se *Macunaíma* (1928) e *Remate de males* (1930).

Orígenes Lessa (1903 – 1986) – Escritor e jornalista brasileiro. Autor de poesias, contos, romances, ensaios, peças teatrais e narrativas para crianças. Publicou dezenas de livros, dentre os quais se destacam *O feijão e o sonho* (1938) e *Memórias de um cabo de vassoura* (1971).

Paulo Coelho (1947 –) – Escritor brasileiro. No início de sua carreira, foi diretor e autor teatral, jornalista e compositor. Autor de vários romances, dentre os quais se destaca *O Alquimista* (1988), cuja vendagem superou os 11 milhões de exemplares e esteve na lista dos mais vendidos em 18 países. Foi o autor mais vendido do mundo em 2003.

CULTURA LETRADA: LITERATURA E LEITURA

Luigi Pirandello (1867 – 1936) – Escritor italiano, autor de ensaios, novelas, poemas, peças teatrais e romances, dentre os quais se destaca *O finado Matia Pascal* (1904). Considerado um dos principais renovadores do teatro moderno, ganhou o Prêmio Nobel de Literatura em 1934.

Rodolfo Coelho Cavalcante (1919 – 1986) – Poeta brasileiro. Fundou vários periódicos relativos à literatura popular e promoveu a associação dos poetas em instituições como o Grêmio Brasileiro de Trovadores. Autor de mais de uma centena de folhetos, dentre os quais se destacam *A chegada de Getúlio Vargas no céu e seu julgamento* e *A chegada de Lampião no inferno*, é considerado o principal difusor da literatura de cordel na Bahia.

Samuel Pepys (1633 – 1703) – Escritor inglês. Funcionário da coroa britânica, manteve um diário, em caracteres secretos, entre 1660 e 1669, em que trata de política, poesia, teatro, ciências e faz crônicas da vida na corte. Seu código foi decifrado por John Smith e publicado em 1825.

Sidney Sheldon (1917 –) – Escritor americano. Foi roteirista de cinema e televisão, autor da série *Jeannie é um gênio*. Começou a escrever romances aos 52 anos de idade e tornou-se internacionalmente conhecido com o livro *O outro lado da meia-noite* (1974). É o autor mais traduzido no mundo, tendo vendido mais de 300 milhões de livros.

Silvino Pirauá de Lima (1848 – 1913) – Poeta brasileiro. Foi um dos primeiros cantadores nordestinos de que se tem notícia. Começou a se apresentar e a imprimir folhetos no século XIX. Dentre suas obras, destaca-se *História do capitão do navio*.

Sófocles (496 ou 495 – 405 a.C.) – Poeta trágico grego. Compôs mais de 120 peças teatrais, dentre as quais se destaca *Édipo Rei* (409).

Stephen King (1947 –) – Escritor americano. Conhecido por suas histórias de terror, lançou, em 2001, o romance digital *Ridding the bullet*, que só podia ser obtido pela Internet ao preço de US$ 2,50, e vendeu 400 mil exemplares em um só dia. Seus livros foram adaptados para o cinema e para a TV, como *Carrie* e *O iluminado*.

Vasco Graça Moura (1942 –) – Escritor português. Autor de poesias, romances, ensaios e crônicas, tem intensa atuação política em

Portugal, onde colabora regularmente na imprensa, no rádio e na televisão como comentarista político e crítico literário.

Victor Hugo (1802 – 1885) – Escritor francês, autor de poesias, peças teatrais e romances, considerado figura central do Romantismo europeu. Entre sua vasta obra destacam-se *O corcunda de Notre Dame* (1831) e *Os miseráveis* (1862).

Virgílio (70 – 19 a.C.) – Poeta latino cuja obra exerceu forte influência sobre a cultura erudita, tanto na Antiguidade quanto nos tempos modernos. Autor da *Eneida* (19 a.C.), poema épico sobre a guerra de Troia realizado nos moldes das composições de Homero.

Virginia Woolf (1882 – 1941) – Escritora inglesa. Autora de romances, ensaios e crítica literária, rompeu com os limites da ficção realista. Entre seus escritos, destacam-se *Mrs. Dalloway* (1925) e *Orlando* (1928).

Voltaire [François-Marie Arouet] (1694 – 1778) – Escritor francês. Autor de textos filosóficos e historiográficos, além de peças teatrais, poesias e romances. Liberal, anticlerical e defensor dos direitos do homem, é tido como um dos grandes pensadores do Iluminismo.

William Shakespeare (1564 – 1616) – Poeta e dramaturgo inglês. Conheceu sucesso de público em sua própria época, mas também a desconfiança dos homens de letras que estranhavam suas peças, compostas sem atenção às regras clássicas de elaboração. Compôs mais de 30 obras, dentre as quais se destacam *Romeu e Julieta* (±1595) e *Hamlet* (1601).

SUGESTÕES DE LEITURA

Se você tem acesso à Internet, pode conseguir toda (ou quase toda) informação que quiser. Difícil é saber o que fazer com ela, como avaliar o conjunto de dados e ideias que aparecem na sua frente. Por isso, o mais importante é ter um ponto de vista crítico sobre o assunto acerca do qual se lê e se pesquisa. Este livro apresentou um ponto de vista sobre leitura e literatura. Se você tiver concordado com ele e quiser ler mais (ou se tiver discordado e quiser ler mais para discordar, melhor), aí vão algumas sugestões:

Sobre literatura (aquela que alguns chamam de Grande)
Vários livros recentes apresentam e discutem o processo de definição do conceito de literatura, analisam o papel da literatura erudita na cultura nacional e internacional e dos estudos literários no mesmo cenário. Para começar, você poderia ler:

CULLER, Jonathan. *Teoria literária:* uma introdução. São Paulo: Becca, 1999. Jonathan Culler apresenta um panorama dos principais temas e questões tratados pela teoria literária ao longo do século XX e fornece indicações que permitem ao leitor continuar acompanhando a discussão em outras obras e textos. O livro contém um precioso Apêndice, em que se apresenta um pequeno resumo das principais escolas críticas do século passado. Não bastasse sua precisão e utilidade, o livro tem a virtude de ser claro e divertido.

EAGLETON, Terry. *Teoria da literatura:* uma introdução. São Paulo: Martins Fontes, 2001. Logo no prefácio à segunda edição inglesa do livro, Terry Eagleton deixa claro seu objetivo: "este livro é uma tentativa de tornar a teoria literária moderna inteligível e atraente ao maior número possível de leitores". Caso você deseje prosseguir suas leituras na área, poderá se valer da boa bibliografia apresentada ao final do livro, ordenada por correntes teóricas e, internamente a cada corrente, por ordem de dificuldade.

Assim como Culler, Terry Eagleton é bem-humorado e escreve de forma bastante compreensível.

LAJOLO, Marisa. *Literatura*: leitores & leitura. São Paulo: Moderna, 2001.
Marisa Lajolo percorre a história, sobretudo a brasileira, mostrando como os sentidos atribuídos ao literário variaram e trazendo para o primeiro plano não apenas aqueles autores e obras que você já estudou milhares de vezes, mas também outros de que você nunca ouviu falar por não terem sido canonizados. No capítulo "Leituras de torna-viagem", há um roteiro comentado de indicações de leitura para quem quer pensar sobre *"o que é, como se faz e para que serve* literatura". Partilha com Culler e Eagleton da graça e leveza na escrita.

Sobre leitura e história da leitura
Os trabalhos da área de história da leitura, ainda que não tratem exclusivamente de literatura, contribuem muito para a compreensão da variabilidade dos critérios de avaliação e dos modos de ler. Para saber do que se trata, você poderia começar lendo:

BELO, André. *História & Livro e Leitura*. Belo Horizonte: Autêntica, 2002.
André Belo traça, de forma sucinta e clara, a história do livro, desde os tempos em que se escrevia em pergaminhos até a edição digital. Apresenta, também, a história da leitura, valendo-se de contribuições vindas de vários campos (além da história, obviamente!): da teoria literária, da literatura comparada, da sociologia da leitura, da história das ideias, da história da educação. O livro tem a vantagem de não se restringir ao contexto europeu e às produções destinadas à elite intelectual.

CHARTIER, Roger. *Formas e sentido*. Cultura escrita: entre distinção e apropriação. Campinas: Mercado de Letras / ALB, 2003.
Interagindo com reflexões vindas da área da literatura, Roger Chartier coloca o leitor no centro da cena e examina sua atividade como uma "prática cultural", negando-se a tomar os modos de ler de determinados grupos como universalmente válidos. Evitando

CULTURA LETRADA: LITERATURA E LEITURA

pensar abstratamente em *textos*, chama a atenção para a materialidade dos livros e para a importância de elementos como a diagramação ou a inserção de notas no estabelecimento do sentido. Também vale a pena ler outro artigo de Roger Chartier, intitulado "História e literatura", publicado no interior do livro *À beira da falésia* – a história entre certezas e inquietude (Porto Alegre: Editora da Universidade Federal do Rio Grande do Sul, 2002), em que as diferentes concepções de literatura, os distintos modos de ler e a relevância da materialidade são apresentados de forma clara e sucinta.

■

QUESTÕES
PARA REFLEXÃO E DEBATE

1 O dicionário *Michaelis, moderno dicionário da língua portuguesa*, fornece as seguintes definições do conceito de literatura:

li.te.ra.tu.ra *sf* (*lat litteratura*).

1 Arte de compor escritos, em prosa ou em verso, de acordo com princípios teóricos ou práticos. **2** O exercício dessa arte ou da eloquência e poesia. **3** O conjunto das obras literárias de um agregado social, ou em dada linguagem, ou referidas a determinado assunto: *Literatura infantil, literatura científica, literatura de propaganda ou publicitária.* **4** A história das obras literárias do espírito humano. **5** O conjunto dos homens distintos nas letras. *L. amena:* literatura recreativa; beletrística. *L. de cordel:* a de pouco ou nenhum valor literário, como a das brochuras penduradas em cordel nas bancas dos jornaleiros. *L. de ficção:* o romance e o conto (também se diz simplesmente *ficção*). *L. oral:* todas as manifestações culturais (conto, lenda, mito, adivinhações, provérbios, cantos, orações etc.), de fundo literário, transmitidas por processos não gráficos; parte do folclore.[1]

a. Você acha que essas definições recobrem o conjunto dos textos considerados literários? Para responder a essa questão pode ser interessante procurar exemplos e contra-exemplos para cada uma das acepções.

b. Depois de oferecer cinco definições gerais, o dicionário apresenta casos particulares associando o termo literatura (abreviado como um *L.*) a um adjetivo. Em dois desses casos, a definição vem associada a um juízo de valor. Identifique os casos e diga o que você pensa sobre isso.

2 O escritor Frei Betto publicou, no jornal *A Gazeta*, um artigo intitulado "A arte da palavra", lamentando o atual desinteresse dos brasileiros pela leitura literária e a supremacia da televisão.

---

1   http://www1.uol.com.br/michaelis/. Acesso em 5 maio 2004.

CULTURA LETRADA: LITERATURA E LEITURA

Muitos fatores contribuem para que certos alunos universitários não saibam redigir uma carta sem erros de sintaxe e concordância ou distinguir o literário do não-literário quando confrontados com uma crônica de Machado de Assis ou uma carta de banco. Falta literatura nos currículos escolares, como são raras as bibliotecas de qualidade em instituições de ensino e municípios do país. Não se sabe o que não se aprende. ...

A literatura é a arte da palavra. E como toda arte, recria a realidade, subvertendo-a, transfigurando-a, revelando o seu avesso. Por isso, todo artista é um clone de Deus, pois imprime ao real um caráter ético e um sabor estético, superando a linguagem usual e refletindo, de modo surpreendente, a imaginação criadora.

Sem literatura corremos o risco de resvalarmos para a mesquinhez dos jargões burocráticos, a farsa do economês que tudo explica e quase nada justifica, a palilogia estéril da linguagem televisiva, a logorreia dos discursos políticos, condenando-nos à visão estreita e à pobreza de espírito despida de qualquer bem-aventurança. Salvemos a literatura, para que possamos salvar a humanidade.[2]

a. Nesse trecho, Frei Betto identifica problemas de várias ordens na cultura brasileira e apresenta uma proposta de solução. Se você fosse comentar com um amigo o artigo que acabou de ler, você apoiaria as ideias apresentadas pelo escritor ou se oporia a elas? Em ambos os casos você precisaria apresentar algumas opiniões para sustentar seu ponto de vista. O que você diria?

b. Tendo em vista a discussão apresentada no capítulo 4, o que você pensa sobre a frase "Salvemos a literatura, para que possamos salvar a humanidade"?

3 Como você viu no capítulo 5, por ocasião da morte de Jorge Amado, dois professores da Unicamp fizeram avaliações distintas da obra do escritor. Suas ideias são relatadas em igualdade de condições na matéria, mas há pelo menos dois indícios de que o jornalista concorda mais com a opinião de um dos professores.

a. Releia a matéria, identifique esses indícios, e veja para que lado ele se inclina.

---

2 *A Gazeta* de 13 de outubro de 2003. Se você quiser ler o artigo inteiro, consulte a página http://www.wmwca.com.br/PubWeb/CLIPout08.html.

b. E você? concorda com a professora ou com o professor? Por quê?

4 Chame seus amigos para assistir aos filmes *Louca obsessão* e *Sociedade dos poetas mortos*. Eles expressam pontos de vista muito distintos sobre literatura. A comparação entre os dois filmes e a discussão das ideias apresentadas por eles podem ser um bom tema de conversa para um domingo à tarde.

5 Suponha uma conversa entre você, seus colegas e seu professor de literatura em que se discutisse:

a. É necessário que os estudantes de Ensino Médio leiam obras clássicas da literatura erudita? Por quê?
b. Se uma colega de classe ficasse em dúvida sobre a distinção entre literatura de massa e literatura erudita depois de ler *A viuvinha* de José de Alencar por achar a narrativa muito parecida com os romances da série *Sabrina*, o que você diria? Se você não leu *A viuvinha*, corra para a Internet e pegue o texto no *site* da Biblioteca Virtual do Estudante – www.bibvirt.futuro.usp.br (clique em "Obras de Literatura"). Se nunca leu um romance da série *Sabrina*, corra para a banca de jornais mais próxima (ou para a casa de uma colega sua que sempre foi leitora assídua...).

6 Esta não é uma questão, é um desafio: releia as regras de composição de folhetos de cordel expostas no capítulo 3 e escreva um folheto narrando um fato jornalístico recente ou contando uma história de amor e valentia. Não se esqueça de que a composição tipográfica do folheto é parte do jogo. Depois de compor seu poema, diagrame os versos e monte um folheto.

Ler alguns folhetos antes de começar, pode ajudar a pegar jeito. Há alguns nos sites www.itaucultural.org.Brasil/aplicexternas/enciclopedia/poesia/index.cfm?fuseaction=Detalhe& CD_ Verbete=3870.

7 Vá à biblioteca e escolha uma história da literatura brasileira – há várias, pegue a que parecer mais interessante. Examine o conjunto de escritores citados no item destinado ao Romantismo, por exemplo. Por que há quase exclusivamente escritores cariocas? Por que há pouquíssimas mulheres (ou nenhuma)? Por que os índios aparecem como tema, mas não como autores?

CULTURA LETRADA: LITERATURA E LEITURA

8 Há, na Internet, uma série de *blogs* em que se discute literatura – todo tipo de literatura. Se você tem habilidades de programador, monte um *blog* para apresentar seu autor favorito, ou para discutir algum tema polêmico ligado à literatura (sobre Paulo Coelho já há vários).

9 Faça uma pesquisa sobre o imaginário social acerca da literatura. Elabore um conjunto amplo de questões e selecione um grupo de pessoas bastante diversificado. Informações muito cuidadosas sobre como fazer pesquisa de opinião podem ser encontradas em *Nossa Escola pesquisa sua opinião*, organizado por Fábio Montenegro e Vera Masagão (São Paulo: Editora Global, 2002). No *site* do Instituto Paulo Montenegro também há informações (www.ipm.org.br).

10 Faça uma pesquisa na Internet, em jornais e revistas coletando opiniões sobre televisão e videogames. Selecione especialmente as que tratam dos efeitos que assistir TV e jogar supostamente têm sobre as pessoas, sobretudo os jovens.

a. Veja quais são as ideias que mais se repetem – essas são as chamadas "ideias de senso comum". Você concorda com elas? Se sim, que argumentos você apresentaria para reforçar essas ideias? Se não, que argumentos você daria para contestá-las?

b. Compare as opiniões coletadas com as ideias sobre leitura apresentadas no capítulo 5.

CONHEÇA OUTROS LANÇAMENTOS
DA COLEÇÃO PARADIDÁTICOS UNESP

SÉRIE NOVAS TECNOLOGIAS
Da Internet ao Grid: a globalização do processamento
Sérgio F. Novaes e Eduardo de M. Gregores
Energia nuclear: com fissões e com fusões
Diógenes Galetti e Celso L. Lima
Novas janelas para o universo
Maria Cristina Batoni Abdalla e Thyrso Villela Neto

SÉRIE PODER
O poder das nações no tempo da globalização
Demétrio Magnoli
A nova des-ordem mundial
Rogério Haesbaert e Carlos Walter Porto-Gonçalves
Diversidade étnica, conflitos regionais e direitos humanos
Tullo Vigevani e Marcelo Fernandes de Oliveira
Movimentos sociais urbanos
Regina Bega dos Santos
A luta pela terra: experiência e memória
Maria Aparecida de Moraes Silva

SÉRIE CULTURA
Cultura letrada: literatura e leitura
Márcia Abreu
A persistência dos deuses: religião, cultura e natureza
Eduardo Rodrigues da Cruz
Indústria cultural
Marco Antônio Guerra e Paula de Vicenzo Fidelis Belfort Mattos
Culturas juvenis: múltiplos olhares
Afrânio Mendes Catani e Renato de Sousa Porto Gilioli

SÉRIE LINGUAGENS E REPRESENTAÇÕES
O verbal e o não verbal
Vera Teixeira de Aguiar
Imprensa escrita e telejornal
Juvenal Zanchetta Júnior

SÉRIE EDUCAÇÃO

Educação e tecnologias
Vani Moreira Kenski
Educação e letramento
Maria do Rosário Longo Mortatti
Educação ambiental
João Luiz Pegoraro e Marcos Sorrentino
Avaliação
Denice Barbara Catani e Rita de Cassia Gallego

SÉRIE EVOLUÇÃO

Evolução: o sentido da biologia
Diogo Meyer e Charbel Niño El-Hani
O tapete de Penélope: O relacionamento entre as espécies e a evolução orgânica
Walter A. Boeger
Bioquímica do corpo humano: para compreender a linguagem molecular da saúde e da doença
Fernando Fortes de Valencia
Biodiversidade tropical
Márcio R. C. Martins e Paulo Takeo Sano
Avanços da biologia celular e molecular
André Luís Laforga Vanzela

SÉRIE SOCIEDADE, ESPAÇO E TEMPO

Trabalho compulsório e tabralho livre na História do Brasil
Ida Lewkowicz, Horacio Gutiérrez e Manolo Florentino
Imprensa e cidade
Ana Luiza Martins e Tania Regina de Luca
Redes e cidades
Eliseu Savério Sposito
Planejamento urbano e ativismos sociais
Marcelo Lopes de Souza e Glauco Bruce Rodrigues

SOBRE O LIVRO

Formato: 12 x 21 cm
Mancha: 20,5 x 38,5 paicas
Tipologia: Fairfield LH 11/14
Papel: Offset 75 g/m² (miolo)
Cartão Supremo 250 g/m² (capa)
1ª edição: 2006
4ª reimpressão: 2021

EQUIPE DE REALIZAÇÃO

Edição de Texto
Sandra Garcia Cortés (Preparação de Original)
Ruth Mitzue Kluska e
Angela Mora de Marco Gavioli (Revisão)

Editoração Eletrônica
Edmílson Gonçalves (Diagramação)